Cuisine Anti-Inflammatoire
Le Bien-Être à Votre Table

Claire Mercier

Résumé

Œufs brouillés aux champignons et épinards..19

Portions : 1..19

Ingrédients:..19

Directions:..19

Crêpes salées pour le petit déjeuner..21

Portions : 4..21

Ingrédients:..21

Directions:..22

Frappe au café et à l'érable 23

Portions : 2..23

Ingrédients:..23

Directions:..23

Muffins au chocolat, à la farine d'amande et au beurre de cacahuète 24

Ingrédients:..24

Directions:..25

Délicieux tofu..26

Portions : 4..26

Ingrédients:..26

Directions:..26

Chou-fleur au fromage et au thym..28

Portions : 2..28

Ingrédients:..28

Directions:..29

Muffins au maïs sucré 30

Portions : 1 30

Ingrédients: 30

Directions: 30

Semifreddo frais et fruité 32

Portions : 2 32

Ingrédients: 32

Toast de saumon au fromage à la crème Portions : 2 34

Ingrédients: 34

Directions: 34

Portions de flocons d'avoine cuits au four avec noix et banane 35

Portions : 9 35

Ingrédients: 35

Directions: 36

Pommes de terre et haricots 37

Portions : 4 37

Ingrédients: 37

Directions: 38

Pêches au miel d'amande et à la ricotta 39

Portions : 6 39

Ingrédients: 39

Directions: 39

Pain aux courgettes 41

Portions : 6 41

Ingrédients: 41

Directions: 42

Portions de barres à la cannelle et aux pommes 43

Portions : 4...43

Ingrédients:...43

Directions:...44

Portions de muffins aux bleuets...45

Portions : 10...45

Ingrédients:...45

Directions:...46

Portions de smoothie aux bleuets...47

Portions : 1...47

Ingrédients:...47

Directions:...47

Patates douces farcies aux pommes à la cannelle Portions : 4................49

Ingrédients:...49

Directions:...49

Tomates farcies aux œufs...51

Portions : 2...51

Ingrédients:...51

Directions:...52

Portions brouillées de chou frisé au curcuma...53

Portions : 1...53

Ingrédients:...53

Directions:...53

Casserole de fromage et de saucisses avec une délicieuse marinara.......55

Ingrédients:...55

Directions:...55

Portions de pouding au chia au lait doré : 4...57

Ingrédients:...57

Directions: 58

Gâteau aux carottes Portions : 2 59

Ingrédients: 59

Directions: 59

Crêpes au miel 61

Portions : 2 61

Ingrédients: 61

Directions: 62

Crêpes sans gluten Portions : 10 64

Ingrédients: 64

Directions: 65

Riz aux carottes et œufs brouillés 66

Portions : 3 66

Ingrédients: 66

Directions: 67

Patates douces au petit déjeuner 69

Portions : 6 69

Ingrédients: 69

Directions: 69

Muffins aux œufs avec feta et quinoa Portions : 12 70

Ingrédients: 70

Directions: 71

Crêpes salées aux pois chiches : Portions 1 72

Ingrédients: 72

Directions: 72

Latte au curcuma : 2 portions 74

Ingrédients: 74

Directions:..74

Shakshuka verte : 4 portions 75

Ingrédients:...75

Directions:..76

Pain protéiné au quinoa : 78

Portions 12...78

Ingrédients:...78

Directions:..79

Muffins aux carottes, gingembre et noix de coco 81

Portions : 12...81

Ingrédients:...81

Porridge chaud au miel : 4 portions 83

Ingrédients:...83

Directions:..83

Salade du petit déjeuner : 84

Portions 4...84

Ingrédients:...84

Directions:..85

Quinoa rapide à la cannelle et aux graines de chia : 86

Portions 2...86

Ingrédients:...86

Directions:..86

Gaufres à la patate douce sans céréales 88

Portions : 2...88

Ingrédients:...88

Directions:..88

Omelette aux champignons, quinoa et asperges 90

Portions : 3 90

Ingrédients: 90

Directions: 91

Oeufs Rancheros : 3 portions 92

Ingrédients: 92

Directions: 93

Omelette aux champignons et aux épinards 94

Portions : 2 94

Ingrédients: 94

Directions: 94

Gaufres à la citrouille et à la banane 96

Portions : 4 96

Ingrédients: 96

Directions: 97

Oeufs brouillés au saumon fumé Portions : 2 98

Ingrédients: 98

Directions: 98

Risotto crémeux au parmesan, aux champignons et au chou-fleur 99

Ingrédients: 99

Directions: 99

Brocoli ranch rôti au cheddar 101

Portions : 2 101

Ingrédients: 101

Directions: 101

Porridge super-protéiné 103

Portions : 2 103

Ingrédients: 103

Directions:...104

Gruau à la mangue et à la noix de coco 105

Portions : 1...105

Ingrédients:..105

Directions:...105

Portions d'omelette aux champignons et aux épinards.........................107

Portions : 4...107

Ingrédients:..107

Directions:...108

Pommes à la cannelle cuites à la vapeur à la mijoteuse 109

Portions : 6...109

Ingrédients:..109

Directions:...109

Pain de maïs complet 110

Portions : 8...110

Ingrédients:..110

Directions:...111

Omelette aux tomates..112

Portions : 1...112

Ingrédients:..112

Directions:...112

Gruau à la cassonade et à la cannelle 114

Portions : 4...114

Ingrédients:..114

Directions:...114

Porridge aux poires rôties 116

Portions : 2...116

Ingrédients: 116

Directions: 117

Crêpes à la crème sucrée 119

Portions : 2 119

Ingrédients: 119

Directions: 119

Crêpes à l'avoine 121

Portions : 1 121

Ingrédients: 121

Directions: 121

Délicieuses flocons d'avoine aromatisés à l'érable 123

Portions : 4 123

Ingrédients: 123

Directions: 123

Smoothie fraise et kiwi 125

Portions : 1 125

Ingrédients: 125

Directions: 125

Bouillie de graines de lin à la cannelle 126

Portions : 4 126

Ingrédients: 126

Directions: 127

Barres de petit-déjeuner aux bleuets et aux patates douces Portions : 8 128

Ingrédients: 128

Directions: 128

Gruau cuit au four aux épices et à la citrouille 130

Portions : 6...130

Ingrédients:...130

Directions:..131

Œufs brouillés aux épinards et tomates.................................132

Portions : 1...132

Ingrédients:...132

Directions:..132

Smoothie tropical aux carottes, gingembre et curcuma 134

Portions : 1...134

Ingrédients:...134

Directions:..135

Pain perdu à la cannelle et à la vanille 136

Portions : 4...136

Ingrédients:...136

Directions:..136

Délicieuse dinde 138

Portions : 4...138

Ingrédients:...138

Directions:..139

Spaghetti au fromage, basilic et pesto 141

Ingrédients:...141

Directions:..141

Smoothie orange et pêche 143

Portions : 2...143

Ingrédients:...143

Directions:..143

Muffins au beurre d'amande et à la banane.............................144

Portions : 6 144

Ingrédients: 144

Directions: 145

ricotta anglaise 146

Portions : 1 146

Ingrédients: 146

Directions: 146

Smoothie anti-inflammatoire aux épinards et aux cerises Portions : 1.. 148

Ingrédients: 148

Directions: 148

Shakshuka épicée 150

Portions : 4 150

Ingrédients: 150

Directions: 151

Lait doré 5 minutes 153

Portions : 1 153

Ingrédients: 153

Directions: 154

Gruau simple pour le petit-déjeuner 155

Portions : 1 155

Ingrédients: 155

Directions: 155

Beignets protéinés au curcuma 157

Portions : 8 157

Ingrédients: 157

Directions: 157

Omelette au cheddar et au chou frisé 159

Portions : 6...159

Ingrédients:...159

Directions:..159

Omelette méditerranéenne 161

Portions : 6...161

Ingrédients:...161

Directions:..162

Sarrasin Cannelle Gingembre Portions Portions : 5 163

Ingrédients:...163

Directions:..164

Crêpes à la coriandre 165

Portions : 6...165

Ingrédients:...165

Directions:..166

Smoothie pamplemousse et framboise Portions : 1 167

Ingrédients:...167

Directions:..167

Portions de granola au beurre de cacahuète 168

Portions : 8...168

Ingrédients:...168

Directions:..168

Œufs brouillés au four avec curcuma Portions : 6................170

Ingrédients:...170

Directions:..170

Portions du petit-déjeuner au son de chia et à l'avoine : Portions : 2 172

Ingrédients:...172

Directions:..172

Muffins à la rhubarbe, aux pommes et au gingembre 174

Portions : 8 174

Ingrédients: 174

Céréales et fruits pour le petit-déjeuner 177

Portions : 6 177

Ingrédients: 177

Directions: 177

Bruschetta aux tomates et basilic 179

Portions : 8 179

Ingrédients: 179

Directions: 179

Crêpes à la cannelle et à la noix de coco 181

Portions : 2 181

Ingrédients: 181

Directions: 181

Gruau aux noisettes, myrtilles et bananes : Portions : 6 183

Ingrédients: 183

Directions: 184

Toasts aux œufs pochés et au saumon 186

Portions : 2 186

Ingrédients: 186

Directions: 186

Pudding aux graines de chia et cannelle 188

Portions : 2 188

Ingrédients: 188

Directions: 188

Oeufs et fromage 189

Portions : 1 189

Ingrédients: 189

Directions: 189

Pommes de terre rissolées tex-mex 191

Portions : 4 191

Ingrédients: 191

Directions: 191

Shirataki à l'avocat et à la crème 193

Portions : 2 193

Ingrédients: 193

Directions: 193

De délicieuses portions de porridge 195

Portions : 2 195

Ingrédients: 195

Directions: 196

Crêpes à la farine d'amande et au fromage à la crème 197

Portions : 2 197

Ingrédients: 197

Directions: 197

Muffins au fromage, graines de lin et graines de chanvre Portions : 2 ...199

Ingrédients: 199

Directions: 200

Gaufres de chou-fleur au fromage et à la ciboulette 202

Portions : 2 202

Ingrédients: 202

Directions: 203

Sandwich du petit-déjeuner 204

Portions : 1 204

Ingrédients: 204

Directions: 204

Muffins végétariens salés 205

Portions : 5 205

Ingrédients: 205

Directions: 206

Crêpes aux courgettes 208

Portions : 8 208

Ingrédients: 208

Directions: 209

Burger à l'oeuf et à l'avocat 210

Portions : 1 210

Ingrédients: 210

Directions: 210

Des épinards savoureux et crémeux 212

Portions : 2 212

Ingrédients: 212

Directions: 212

Gruau spécial à la cannelle et aux pommes 214

Portions : 2 214

Ingrédients: 214

Directions: 214

Oeuf et légumes (bombe anti-inflammatoire) 216

Portions : 4 216

Ingrédients: 216

Directions: 217

Œufs brouillés aux champignons et épinards

Portions : 1

Ingrédients:

2 blancs d'œufs

1 tranche de pain grillé complet

½ c. champignons frais tranchés

2 cuillères à soupe. Fromage américain râpé sans gras

Poivre

1 cuillère à café. huile d'olive

1 c. épinards frais hachés

1 oeuf entier

Directions:

1. À feu moyen-vif, placez une poêle antiadhésive et ajoutez l'huile. Remuez l'huile pour couvrir la poêle et faites chauffer pendant une minute.

2. Ajoutez les épinards et les champignons. Faire sauter jusqu'à ce que les épinards soient fanés, environ 2-3 minutes.

3. Pendant ce temps, battez bien l'œuf, les blancs d'œufs et le fromage dans un bol.

Assaisonner de poivre.

4. Versez le mélange d'œufs dans la poêle et remuez jusqu'à ce que les œufs soient cuits, environ 3-4 minutes.

5. Servir et déguster avec un morceau de pain grillé complet.

<u>Information nutritionnelle:</u>Calories : 290,6, Lipides : 11,8 g, Glucides : 21,8 g, Protéines : 24,3 g, Sucres : 1,4 g, Sodium : 1000 mg

Crêpes salées pour le petit déjeuner

Portions : 4

Temps de cuisson : 6 minutes

Ingrédients:

½ tasse de farine d'amande

½ tasse de farine de tapioca

1 tasse de lait de coco

½ cuillère à café de poudre de chili

¼ cuillère à café de poudre de curcuma

½ oignon rouge, haché

1 poignée de feuilles de coriandre hachées

½ pouce de gingembre, râpé

1 cuillère à café de sel

¼ cuillère à café de poivre noir moulu

Directions:

1. Dans un bol, mélanger tous les ingrédients jusqu'à ce que le tout soit bien mélangé.

2. Faites chauffer une poêle à feu moyen-doux et badigeonnez-la d'huile.

3. Versez ¼ tasse de pâte dans le moule et étalez le mélange dans une crêpe.

4. Faites frire 3 minutes de chaque côté.

5. Répétez jusqu'à ce que la pâte soit prête.

<u>Information nutritionnelle:</u>Calories 108 Lipides totaux 2 g Lipides saturés 1 g Glucides totaux 20 g Glucides nets 19,5 g Protéines 2 g Sucre : 4 g Fibres : 0,5 g Sodium : 37 mg Potassium 95 mg

Frappe au café et à l'érable

Portions : 2

Ingrédients:

1 cuillère à soupe. Poudre de cacao sans sucre

½ c. lait faible en gras

2 cuillères à soupe. Sirop d'érable pur

½ c. café infusé

1 petite banane mûre

1 c. yaourt à la vanille faible en gras

Directions:

1. Placez la banane dans un mixeur ou un robot culinaire et mixez.

2. Ajoutez le reste des ingrédients et mélangez jusqu'à obtenir une consistance lisse et crémeuse.

3. Servir immédiatement.

Information nutritionnelle:Calories : 206, Lipides : 2 g, Glucides : 38 g, Protéines : 6 g, Sucres : 17 g, Sodium : 65 mg

Muffins au chocolat, à la farine d'amande et au beurre de cacahuète

Portions : 6

Temps de cuisson : 25 minutes

Ingrédients:

1 tasse de farine d'amande

1 cuillère à café de levure chimique

1/8 cuillère à café de sel

½ tasse d'érythritol

1/3 tasse de lait d'amande, non sucré

2 oeufs bio

1/3 tasse de beurre d'arachide, non sucré

2 cuillères à soupe de fèves de cacao

Directions:

1. Allumez le four, puis réglez la température à 350°F et laissez-le préchauffer.

2. Pendant ce temps, mettez la farine dans un bol, ajoutez la levure, le sel et l'érythritol et mélangez jusqu'à homogénéité.

3. Versez ensuite le lait, ajoutez les œufs et le beurre de cacahuète, mélangez jusqu'à incorporation puis incorporez le grué de cacao.

4. Prenez un moule à six muffins, tapissez les moules avec le moule à muffins, remplissez-les uniformément avec la pâte préparée et faites cuire au four pendant 25 minutes jusqu'à ce que les muffins soient cuits et dorés.

5. Une fois terminé, transférez les muffins sur une grille pour qu'ils refroidissent complètement, puis enveloppez chaque muffin dans du papier d'aluminium et réfrigérez jusqu'à cinq jours.

6. Servez les muffins au moment de manger.

<u>Information nutritionnelle:</u>Calories 265, matières grasses totales 20,5 g, glucides totaux 2 g, protéines 7,5 g

Délicieux tofu

Portions : 4

Temps de cuisson : 20 minutes

Ingrédients:

2 cuillères à café d'huile de sésame grillé

1 cuillère à café de vinaigre de riz

2 cuillères à soupe de sauce soja réduite en sodium

½ cuillère à café de poudre d'oignon

1 cuillère à café de poudre d'ail

1 bloc de tofu, coupé en cubes

1 cuillère à soupe de fécule de pomme de terre

Directions:

1. Dans un bol, mélanger tous les ingrédients sauf le tofu et la fécule de pomme de terre.

2. Mélangez bien.

3. Ajoutez le tofu dans le bol.

4. Laisser mariner 30 minutes.

5. Saupoudrer le tofu de fécule de pomme de terre.

6. Ajoutez le tofu dans le panier de la friteuse à air.

7. Faites frire à l'air libre à 370 degrés F pendant 20 minutes, en secouant à mi-cuisson.

Chou-fleur au fromage et au thym

Portions : 2

Temps de cuisson : 15 minutes

Ingrédients:

½ tasse de mozzarella râpée

¼ tasse de parmesan râpé

¼ grosse tête de chou-fleur

½ tasse de chou frisé

1 gros œuf bio

1 tige d'oignon vert

½ cuillère à soupe d'huile d'olive

½ cuillère à café de poudre d'ail

¼ cuillère à café de sel

½ cuillère à soupe de graines de sésame

1 cuillère à café de thym frais haché

¼ cuillère à café de poivre noir concassé

Directions:

1. Placez le chou-fleur dans un robot culinaire, ajoutez la ciboule, le chou-rave et le thym puis mélangez pendant 2 à 3 minutes jusqu'à consistance lisse.

2. Versez le mélange dans un bol, ajoutez le reste des ingrédients et mélangez jusqu'à ce que le tout soit bien mélangé.

3. Allumez le gaufrier, graissez-le avec de l'huile et, lorsqu'il est chaud, versez-y la moitié de la pâte préparée, fermez avec le couvercle et laissez cuire jusqu'à ce qu'il soit doré et ferme.

4. Une fois terminé, transférez les gaufres dans une assiette et faites cuire une autre gaufre de la même manière avec le reste de la pâte.

5. Servir immédiatement.

Information nutritionnelle:Calories 144, glucides totaux 8,5, lipides totaux 9,4 g, protéines 9,3 g, sucre 3 g, sodium 435 mg

Muffins au maïs sucré

Portions : 1

Ingrédients:

1 cuillère à soupe. levure chimique sans sodium

¾ c. lait végétal

1 cuillère à café. extrait de vanille pur

½ c. sucre

1 c. farine blanche complète

1 c. farine de maïs

½ c. huile de canola

Directions:

1. Préchauffer le four à 400 ° F. Tapisser un moule à muffins de 12 tasses de papier d'aluminium et réserver.

2. Mettez la semoule de maïs, la farine, le sucre et la levure chimique dans un bol et mélangez bien.

3. Ajoutez le lait végétal, l'huile et la vanille et mélangez jusqu'à ce que le tout soit bien mélangé.

4. Répartissez la pâte uniformément dans les moules à muffins. Placez le moule à muffins sur la grille du milieu du four et faites cuire au four pendant 15 minutes.

5. Sortir du four et laisser refroidir sur une grille.

<u>Information nutritionnelle:</u>Calories : 203, Lipides : 9 g, Glucides : 26 g, Protéines : 3 g, Sucres : 9,5 g, Sodium : 255 mg

Semifreddo frais et fruité

Portions : 2

Temps de cuisson : 0 minutes

Ingrédients:

½ tasse de framboises fraîches

Une pincée de cannelle

1 cuillère à café de sirop d'érable

2 cuillères à soupe de graines de chia

16 onces de yaourt nature

Fruits frais : tranches de mûres, nectarines ou fraises<u>Directions:</u>

1. À l'aide d'une fourchette, écrasez les framboises dans un bol jusqu'à obtenir une consistance semblable à une confiture. Ajouter la cannelle, le sirop et les graines de chia. Continuez à écraser jusqu'à ce que tous les ingrédients soient incorporés. Mettre à part.

2. Dans deux verres de service, alterner les couches de yaourt et le mélange.

Garnir de tranches de fruits frais.

Information nutritionnelle:Calories 315 Lipides : 8,7 g Protéines : 19,6 g

Sodium : 164 mg Glucides totaux : 45,8 g Fibres alimentaires : 6,5 g

Toast de saumon au fromage à la crème

Portions : 2

Temps de cuisson : 2 minutes

Ingrédients:

Toasts complets ou de seigle, deux tranches

Oignon rouge, finement haché, deux cuillères à soupe

Fromage à la crème, faible en gras, deux cuillères à soupe

Flocons de basilic, une demi-cuillère à café

Roquette ou épinards, hachés, ½ tasse

Saumon fumé, deux onces

Directions:

1. Faites griller le pain de blé. Mélangez le fromage frais et le basilic et étalez ce mélange sur les toasts. Ajouter le saumon, la roquette et l'oignon.

Information nutritionnelle:Calories 291 lipides 15,2 grammes glucides 17,8

grammes de sucre 3 grammes

Portions de flocons d'avoine cuits au four avec noix et banane

Portions : 9

Temps de cuisson : 40 minutes

Ingrédients:

Flocons d'avoine - 2,25 tasses

Banane écrasée - 1 tasse

Oeufs - 2

Pâte de dattes - 2 cuillères à soupe

Huile de soja - 3 cuillères à soupe

Lait d'amande non sucré - 1 tasse

Extrait de vanille - 1 cuillère à café

Sel de mer - 0,5 cuillère à café

Cannelle - 1 cuillère à café

Levure chimique - 1 cuillère à café

Noix hachées - 0,5 tasse

Directions:

1. Chauffez le four à 350 degrés Fahrenheit et graissez ou tapissez un plat allant au four de huit x huit de papier sulfurisé pour éviter qu'il ne colle.

2. Dans un bol de cuisine, fouettez ensemble la pâte de dattes avec la purée de banane, le lait d'amande, les œufs, l'huile de soja et la vanille. Fouettez ce mélange jusqu'à ce que la pâte de dattes soit complètement mélangée aux autres ingrédients sans grumeaux. Mais les touffes de banane écrasées sont très bien.

3. Incorporez les flocons d'avoine, la cannelle, le sel marin et la levure chimique au mélange de bananes, puis incorporez délicatement les noix hachées.

4. Une fois vos flocons d'avoine à la banane et aux noix combinés, étalez le mélange sur le fond de votre plat de cuisson préparé et placez le plat de cuisson au centre du four chaud. Laisser cuire jusqu'à ce que les flocons d'avoine soient dorés et pris, environ trente à trente-cinq minutes. Retirez le plat de flocons d'avoine cuit du four et laissez-le refroidir pendant au moins cinq minutes avant de servir. A déguster seul ou avec des fruits frais et du yaourt.

Pommes de terre et haricots

Portions : 4

Temps de cuisson : 50 minutes

Ingrédients:

Pommes de terre coupées en dés - 4 tasses

Champignons, tranchés - 0,5 tasse

Poivre coupé en dés - 1

Courgettes coupées en dés - 1 tasse

Courge jaune, coupée en dés - 1 tasse

Haricots Pinto, cuits - 1,75 tasse

Poivre noir moulu - 0,25 cuillère à café

Paprika moulu - 0,5 cuillère à café

Sel de mer - 0,5 cuillère à café

Poudre d'oignon - 1,5 cuillère à café

Poudre d'ail - 1,5 cuillère à café

Directions:

1. Chauffez le four à 425 degrés Fahrenheit et tapissez une grande plaque à pâtisserie en aluminium de papier parchemin.

2. Ajoutez les pommes de terre coupées en dés sur la plaque à pâtisserie et assaisonnez avec du sel marin et du poivre noir. Mettez les pommes de terre en dés assaisonnées au four pour les faire rôtir pendant vingt-cinq minutes. Retirez les pommes de terre et mélangez bien.

3. Pendant ce temps, mélangez le reste des ingrédients du hachis dans une grande poêle allant au four. Après avoir fait revenir les pommes de terre partiellement rôties, placez la poêle à pommes de terre et la poêle à légumes au four. Laissez les deux portions de hachis rôtir pendant encore quinze minutes.

4. Retirez la poêle et la poêle du four et recouvrez le contenu de la poêle avec les pommes de terre rôties. Servir seul ou avec des œufs.

Pêches au miel d'amande et à la ricotta

<u>Portions : 6</u>

Temps de cuisson : 0 minutes

Ingrédients:

Propagation

Ricotta, lait écrémé, une tasse

Chérie, une cuillère à café

Amandes, tranchées finement, demi-tasse

Extrait d'amande, un quart de cuillère à café

Servir

Pêches, tranchées, une tasse

Pain, bagels complets ou pain grillé

Directions:

1. Mélangez l'extrait d'amande, le miel, la ricotta et les amandes. Étalez une cuillerée de ce mélange sur les toasts et recouvrez de pêches.

<u>Information nutritionnelle:</u>Calories 230 protéines 9 grammes de matières grasses 8 grammes de glucides grammes 37 fibres 3 grammes de sucre 34 grammes

Pain aux courgettes

Portions : 6

Temps de cuisson : 70 minutes

Ingrédients:

Farine complète blanche - 2 tasses

Bicarbonate de soude - 1 cuillère à café

Levure chimique - 2 cuillères à café

Sel de mer - 0,5 cuillère à café

Cannelle moulue - 2 cuillères à café

Oeuf, gros - 1

Extrait de vanille - 1 cuillère à café

Compote de pommes, non sucrée - 0,5 tasse

Courgettes râpées - 2 tasses

Édulcorant aux fruits du moine Lakanto - 0,75 tasse

Directions:

1. Chauffez le four à 350 degrés Fahrenheit et tapissez une plaque à pâtisserie de neuf pouces sur cinq de papier sulfurisé ou de graisse.

2. Dans un grand bol, fouetter ensemble la compote de pommes, les courgettes, l'extrait de vanille, l'édulcorant aux fruits de moine, l'œuf et l'extrait de vanille. Dans un autre plat allant au four, mélangez les ingrédients secs afin d'éviter les grumeaux de levure ou de soda.

3. Ajoutez les ingrédients secs mélangés pour le pain aux courgettes aux ingrédients humides et mélangez délicatement les deux, jusqu'à ce que le tout soit bien mélangé.

Grattez la plaque de pâte en versant le contenu dans le moule préparé.

4. Mettez le pain de courgettes au four et laissez-le cuire jusqu'à ce qu'il soit bien cuit. Il est prêt lorsqu'une fois inséré, un cure-dent peut être retiré proprement - environ une heure.

5. Sortez le moule de courgettes du four et laissez-le refroidir une dizaine de minutes avant de retirer le pain de courgettes du moule et de transférer le pain sur une grille pour terminer le refroidissement. Attendez que le pain de courgettes refroidisse complètement avant de le trancher.

Portions de barres à la cannelle et aux pommes

Portions : 4

Temps de cuisson : 35 minutes

Ingrédients:

Avoine - 1 tasse

Cannelle moulue - 1 cuillère à café

Levure chimique - 0,5 cuillère à café

Bicarbonate de soude - 0,5 cuillère à café

Extrait de vanille - 1 cuillère à café

Sel de mer - 0,125 cuillère à café

Édulcorant aux fruits du moine Lakanto - 3 cuillères à soupe de pomme

pelée et coupée en dés - 1

Yaourt, régulier - 3 cuillères à soupe

Huile de soja - 1 cuillère à soupe

Oeufs - 2

Directions:

1. Chauffez le four à 350 degrés Fahrenheit et tapissez un moule carré de huit pouces sur huit de papier sulfurisé de qualité culinaire.

2. Dans un mixeur, ajoutez les trois quarts des flocons d'avoine et le reste des ingrédients. Mélangez jusqu'à ce que le tout soit bien mélangé, puis utilisez une spatule pour incorporer les derniers flocons d'avoine restants. Versez le mélange dans le plat de cuisson préparé, puis placez-le au centre du four pour cuire jusqu'à ce que les barres pomme-cannelle soient bien cuites, environ vingt-cinq à trente minutes. Les barres sont prêtes lorsqu'un couteau ou un cure-dent est inséré et retiré proprement.

3. Retirez le plateau de pommes et de cannelle du four et laissez les barres refroidir complètement avant de les trancher et de les réfrigérer au réfrigérateur.

Bien que vous puissiez manger ces barres à température ambiante, elles sont meilleures lorsque vous les laissez d'abord refroidir un peu.

Portions de muffins aux bleuets

Portions : 10

Temps de cuisson : 22-25 minutes

Ingrédients:

2½ tasses de farine d'amande

1 cuillère à soupe de farine de noix de coco

½ cuillère à café de bicarbonate de soude

3 cuillères à soupe de cannelle moulue, divisée

Sel au goût

2 oeufs bio

¼ tasse de lait de coco

¼ tasse d'huile de coco

¼ tasse de sirop d'érable

1 cuillère à soupe d'arôme vanille bio

1 tasse de bleuets frais

Directions:

1. Préchauffer le four à 350 degrés F. Beurrer 10 tasses d'un grand moule à muffins.

2. Dans un grand bol, mélangez les farines, le bicarbonate de soude, 2 cuillères à soupe de cannelle et le sel.

3. Dans un autre bol, ajouter les œufs, le lait, l'huile, le sirop d'érable et la vanille et battre jusqu'à ce que le tout soit bien mélangé.

4. Ajoutez le mélange d'œufs au mélange de farine et mélangez jusqu'à ce que le tout soit bien mélangé.

5. Incorporez les myrtilles.

6. Répartir le mélange uniformément dans les moules à muffins préparés.

7. Saupoudrez uniformément la cannelle.

8. Cuire au four environ 22 à 25 minutes ou jusqu'à ce qu'un cure-dent inséré au centre en ressorte propre.

<u>Information nutritionnelle:</u>Calories : 328, Lipides : 11 g, Glucides : 29 g, Fibres : 5 g, Protéines : 19 g

Portions de smoothie aux bleuets

Portions : 1

Temps de cuisson : 0 minutes

Ingrédients:

1 banane, pelée

2 poignées de pousses d'épinards

1 cuillère à soupe de beurre d'amande

½ tasse de myrtilles

¼ cuillère à café de cannelle moulue

1 cuillère à café de poudre de maca

½ tasse d'eau

½ tasse de lait d'amande, non sucré

Directions:

1. Dans votre mixeur, mélangez les épinards avec la banane, les myrtilles, le beurre d'amande, la cannelle, la poudre de maca, l'eau et le lait. Bien mélanger, verser dans un verre et servir.

2. Amusez-vous !

<u>Information nutritionnelle:</u>calories 341, lipides 12, fibres 11, glucides 54,

protéines 10

Patates douces farcies aux pommes à la cannelle Portions : 4

Temps de cuisson : 10 minutes

Ingrédients:

Patates douces, cuites au four - 4

Pommes rouges coupées en dés - 3

Eau - 0,25 tasse

Sel de mer - pincée

Cannelle moulue - 1 cuillère à café

clous de girofle moulus - 0,125 cuillère à café

Gingembre moulu - 0,5 cuillère à café

Noix de pécan hachées - 0,25 tasse

Beurre d'amande - 0,25 tasse

Directions:

1. Dans une grande poêle antiadhésive, mélanger les pommes avec l'eau, le sel marin, les épices et les pacanes. Couvrez les pommes avec un couvercle

hermétique et laissez-les mijoter pendant environ 5 à 7 minutes, jusqu'à ce qu'elles soient tendres.

Le temps de cuisson exact des pommes épicées dépendra de la taille des tranches de pomme et de la variété de pommes que vous utilisez.

2. Coupez les patates douces cuites au four en deux et placez chaque moitié sur un plat de service. Lorsque les pommes sont cuites, garnissez-en les patates douces puis arrosez de beurre d'amande.

Servir encore chaud.

Tomates farcies aux œufs

Portions : 2

Temps de cuisson : 40 minutes

Ingrédients:

Tomates, grosses, mûres - 2

Oeufs - 2

Parmesan, râpé - 0,25 tasse

Oignon vert, tranché - 3

Ail haché - 2 gousses

Persil frais - 1 cuillère à soupe

Sel de mer - 0,5 cuillère à café

Huile d'olive extra vierge - 1 cuillère à soupe

Poivre noir moulu - 0,5 cuillère à café

Directions:

1. Chauffez le four à 350 degrés Fahrenheit et préparez une poêle allant au four pour la cuisson.

2. Sur une planche à découper, coupez le dessus de la tomate autour de la tige. Utilisez une cuillère pour retirer délicatement l'intérieur de la tomate là où vous l'avez coupée et retirez les graines du fruit, en les jetant.

Vous devriez vous retrouver avec une coque de tomate, moins l'excès de liquide et les graines.

3. Dans un plat allant au four, mélanger le sel marin, le poivre noir et le persil frais. Une fois combiné, étalez la moitié du mélange dans chaque tomate, en utilisant votre main ou une cuillère pour étaler les assaisonnements autour de la paroi intérieure de la tomate.

4. Dans une poêle, chauffer l'ail et les oignons verts dans l'huile d'olive à feu moyen jusqu'à ce qu'ils soient tendres et parfumés, environ 4 à 5 minutes. Une fois cuit, ajoutez le parmesan et répartissez le mélange entre les deux tomates en le plaçant à l'intérieur. Maintenant que la poêle est vide, transférez les tomates de la planche à découper dans la poêle. Enfin, cassez un œuf dans chaque tomate.

5. Placez la poêle avec les tomates farcies dans le four chaud et laissez-la rôtir jusqu'à ce que l'œuf soit cuit, environ vingt-cinq à trente minutes. Sortez du four la poêle avec les tomates cerises farcies aux œufs et servez tiède, seule ou avec du pain complet grillé.

Portions brouillées de chou frisé au curcuma

Portions : 1

Temps de cuisson : 10 minutes

Ingrédients:

Huile d'olive, deux cuillères à soupe

Chou frisé, râpé, demi-tasse

Choux, demi-tasse

Ail haché, une cuillère à soupe

Poivre noir, un quart de cuillère à café

Curcuma moulu, une cuillère à soupe

Oeufs, deux

Directions:

1. Battez les œufs et ajoutez le curcuma, le poivre noir et l'ail.

Faites revenir le chou dans l'huile d'olive à feu moyen pendant cinq minutes, puis versez cette pâte aux œufs dans la poêle avec le chou. Poursuivez la cuisson en remuant souvent jusqu'à ce que les œufs soient cuits. Garnir de pousses crues et servir.

Information nutritionnelle:Calories 137 lipides 8,4 grammes glucides 7,9 grammes fibres 4,8

grammes de sucre 1,8 grammes de protéines 13,2 grammes

Casserole de fromage et de saucisses avec une délicieuse marinara

Portions : 6

Temps de cuisson : 20 minutes

Ingrédients:

½ cuillère à soupe d'huile d'olive

½ livre de saucisse

2,5 onces de sauce marinara

120 g de parmesan râpé

120 g de mozzarella râpée

Directions:

1. Allumez le four, puis réglez la température à 375°F et laissez-le préchauffer.

2. Prenez un plat allant au four, graissez-le avec de l'huile, ajoutez la moitié du saucisson, battez-le et étalez-le uniformément sur le fond du plat allant au four.

3. Garnir les saucisses dans la poêle avec la moitié de la sauce marinara, du parmesan et de la mozzarella, puis parsemer le reste des saucisses dessus.

4. Disposez la saucisse avec le reste de la sauce marinara, le parmesan et la mozzarella et enfournez pendant 20 minutes jusqu'à ce que la saucisse soit cuite et que les fromages soient fondus.

5. Une fois terminé, laissez la cocotte refroidir complètement, puis répartissez-la uniformément dans six récipients hermétiques et conservez-la au réfrigérateur jusqu'à 12 jours.

6. Au moment de manger, réchauffez la cocotte au micro-ondes jusqu'à ce qu'elle soit chaude et servez.

Information nutritionnelle:Calories 353, matières grasses totales 24,3 g, glucides totaux 5,5 g, protéines 28,4, sucre 5 g, sodium 902 mg

Portions de pouding au chia au lait doré : 4

Temps de cuisson : 0 minutes

Ingrédients:

4 tasses de lait de coco

3 cuillères à soupe de miel

1 cuillère à café d'extrait de vanille

1 cuillère à café de curcuma moulu

½ cuillère à café de cannelle moulue

½ cuillère à café de gingembre moulu

¾ tasse de yaourt à la noix de coco

½ tasse de graines de chia

1 tasse de baies fraîches

¼ tasse de flocons de noix de coco grillés

Directions:

1. Dans un bol à mélanger, mélanger le lait de coco, le miel, l'extrait de vanille, le curcuma, la cannelle et le gingembre. Ajoutez le yaourt à la noix de coco.

2. Placez les graines de chia, les baies et les flocons de noix de coco dans les bols.

3. Versez le mélange de lait.

4. Laisser refroidir au réfrigérateur pendant 6 heures.

Information nutritionnelle:Calories 337 Lipides totaux 11 g Lipides saturés 2 g Glucides totaux 51 g Glucides nets 49 g Protéines 10 g Sucre : 29 g Fibres : 2 g Sodium : 262 mg Potassium 508 mg

Gâteau aux carottes Portions : 2

Temps de cuisson : 1 minute

Ingrédients:

Lait de coco ou d'amande, une tasse

Graines de chia, une cuillère à soupe

Cannelle moulue, une cuillère à café

Raisins secs, une demi-tasse

Fromage à la crème, faible en gras, deux cuillères à soupe à température ambiante Carotte, une grosse pelure et râpée

Miel, deux cuillères à soupe

Vanille, une cuillère à café

Directions:

1. Mélangez tous les éléments répertoriés et conservez-les dans un récipient sûr au réfrigérateur pendant la nuit. Mangez froid le matin. Si vous choisissez de le réchauffer, mettez-le au micro-ondes pendant une minute et mélangez bien avant de manger.

<u>Information nutritionnelle:</u>Calories 340 sucre 32 grammes de protéines 8 grammes de matières grasses 4

grammes de fibres 9 grammes de glucides 70 grammes

Crêpes au miel

Portions : 2

Temps de cuisson : 5 minutes

Ingrédients:

½ tasse de farine d'amande

2 cuillères à soupe de farine de noix de coco

1 cuillère à soupe de graines de lin moulues

¼ cuillère à café de bicarbonate de soude

½ cuillère à soupe de gingembre moulu

½ cuillère à soupe de muscade moulue

½ cuillère à soupe de cannelle moulue

½ cuillère à café de clous de girofle moulus

Pincée de sel

2 cuillères à soupe de miel bio

¾ tasse de blancs d'oeufs bio

½ cuillère à café d'extrait de vanille bio

Huile de coco, au goût

Directions:

1. Dans un grand bol, mélanger les farines, les graines de lin, le bicarbonate de soude, les épices et le sel.

2. Dans un autre bol, ajoutez le miel, les blancs d'œufs et la vanille et battez jusqu'à consistance lisse.

3. Ajoutez le mélange d'œufs au mélange de farine et mélangez jusqu'à ce que le tout soit bien mélangé.

4. Graisser légèrement une grande poêle antiadhésive avec de l'huile et chauffer à feu moyen-doux.

5. Ajoutez environ ¼ tasse du mélange et inclinez la poêle pour la répartir uniformément dans la poêle.

6. Cuire environ 3 à 4 minutes.

7. Personnalisez soigneusement le côté et laissez cuire encore environ 1 minute.

8. Répétez avec le reste du mélange.

9. Servir avec la garniture désirée.

<u>Information nutritionnelle:</u>Calories : 291, Lipides : 8 g, Glucides : 26 g, Fibres : 4 g, Protéines : 23 g

Crêpes sans gluten Portions : 10

Temps de cuisson : 30 minutes

Ingrédients:

Option 1

Préparez des crêpes en utilisant un mélange à gaufres et à crêpes sans gluten et sans gomme

3 cuillères à soupe de sucre

1 1/2 tasse de mélange à crêpes sans gluten

1 tasse d'eau froide

2 oeufs

2 cuillères à soupe de beurre fondu

Option 2

Préparer des crêpes en utilisant votre mélange de farines sans gluten et sans gomme préféré :

2 cuillères à soupe de beurre fondu

3 cuillères à soupe de sucre

1 tasse d'eau froide

2 cuillères à soupe d'eau froide

2 oeufs

1 1/2 tasse de farine sans gluten

1/2 cuillère à café de levure chimique sans gluten ou mélanger à parts
égales du bicarbonate de soude et de la crème de tartre

1/2 cuillère à café d'extrait de vanille

Directions:

1. Dans un grand bol, mélangez tous les ingrédients de la crêpe et mixez
jusqu'à ce que les grumeaux soient dissous. Laissez reposer le mélange à
température ambiante pendant environ 15 minutes. Au bout de 15 minutes,
il va épaissir.

2. Faites chauffer la poêle très chaude, vaporisez-la d'un spray d'huile et
versez une petite quantité de pâte dans la poêle à l'aide d'une cuillère à
soupe ou 1/4

tasse à mesurer tout en faisant rouler le moule sur le côté.

3. Laissez cuire cette fine couche de pâte à crêpe pendant 1, 2 ou 3 minutes,
puis retournez la crêpe de l'autre côté et laissez-la cuire encore une minute.

<u>Information nutritionnelle:</u>Calories 100 Glucides : 14 g Lipides : 4 g Protéines
: 3 g

Riz aux carottes et œufs brouillés

Portions : 3

Temps de cuisson : 3 heures

Ingrédients:

Pour la sauce soja sucrée Tamari

3 cuillères à soupe de sauce tamari (sans gluten)

1 cuillère à soupe d'eau

2-3 cuillères à soupe de mélasse

Pour des mélanges épicés

3 gousses d'ail

1 petite échalote (tranchée)

2 longs piments rouges

Une pincée de gingembre moulu

Pour le riz aux carottes :

2 cuillères à soupe d'huile de sésame

5 oeufs

4 grosses carottes

8 onces de saucisses (poulet ou toute sorte - sans gluten et hachées).

1 cuillère à soupe de sauce soja sucrée

1 tasse de germes de soja

1/2 tasse de brocoli en dés

Sel et poivre au goût

Pour garnir:

Coriandre

Sauce piquante asiatique

graines de sésame

Directions:

1. Pour la sauce :

2. Dans une casserole, faites bouillir la mélasse, l'eau et le tamari à feu vif.

3. Baissez le feu une fois la sauce bouillie et laissez cuire jusqu'à ce que la mélasse soit complètement dissoute.

4. Placez la sauce dans un bol séparé.

5. Pour le riz aux carottes :

6. Dans un bol, mélanger le gingembre, l'ail, l'oignon et les piments rouges.

7. Pour faire du riz aux carottes, spiralisez les carottes dans un spiraliseur.

8. Spiralisez les carottes dans un robot culinaire.

9. Coupez le brocoli en dés. 10. Ajoutez les saucisses, les carottes, le brocoli et les germes de soja au bol d'oignon, de gingembre, d'ail et de piment.

11. Ajoutez le mélange de légumes épicés et la sauce tamari dans la mijoteuse.

12. Réglez le poêle à feu vif pendant 3 heures ou à feu doux pendant 6 heures.

13. Brouillez deux œufs dans une poêle antiadhésive ou une poêle.

14. Servez le riz aux carottes et ajoutez les œufs brouillés dessus.

15. Garnir de graines de sésame, de sauce chili asiatique et de coriandre.

<u>Information nutritionnelle:</u>Calories 230 mg Lipides totales : 13,7 g Glucides : 15,9 g Protéines : 12,2 g Sucre : 8 g Fibres 4,4 g Sodium : 1060 mg Cholestérol : 239 mg.

Patates douces au petit déjeuner

Portions : 6

Temps de cuisson : 15 minutes

Ingrédients:

2 patates douces, coupées en cubes

2 cuillères à soupe d'huile d'olive

1 cuillère à soupe de paprika

1 cuillère à café d'aneth séché

Poivrer au besoin

Directions:

1. Préchauffer la friteuse à air à 400 degrés F.

2. Mélangez tous les ingrédients dans un bol.

3. Transférez sur votre friteuse à air.

4. Cuire 15 minutes en remuant toutes les 5 minutes.

Muffins aux œufs avec feta et quinoa Portions : 12

Temps de cuisson : 30 minutes

Ingrédients:

Oeufs, huit

Tomates hachées, une tasse

Sel, un quart de cuillère à café

Feta, une tasse

Quinoa, une tasse cuite

Huile d'olive, deux cuillères à café

Origan, côtelette fraîche, une cuillère

Olives noires, hachées, un quart de tasse

Oignon, haché, un quart de tasse

Bébés épinards, hachés, deux tasses

Directions:

1. Chauffer le four à 350°. Vaporiser d'huile un moule à muffins de douze tasses. Cuire les épinards, l'origan, les olives, l'oignon et les tomates pendant cinq minutes dans l'huile d'olive à feu moyen. Battre les œufs. Ajoutez le mélange de légumes cuits aux œufs avec le fromage et le sel. Versez le mélange dans des moules à muffins. Cuire trente minutes. Ceux-ci resteront frais au réfrigérateur pendant deux jours. Pour manger, il suffit de l'envelopper dans une serviette en papier et de la réchauffer au micro-ondes pendant trente secondes.

<u>Information nutritionnelle:</u>Calories 113 glucides 5 grammes de protéines 6 grammes de lipides 7

grammes de sucre 1 gramme

Crêpes salées aux pois chiches : Portions 1

Temps de cuisson : 15 minutes

Ingrédients:

Eau - 0,5 tasse, plus 2 cuillères à soupe

Oignon finement haché - 0,25 tasse

Poivron doux, coupé en dés - 0,25 tasse

Farine de pois chiches - 0,5 tasse

Levure chimique - 0,25 cuillères à café

Sel de mer - 0,25 cuillères à café

Poudre d'ail - 0,25 cuillère à café

Flocons de piment rouge - 0,125 cuillère à café

Poivre noir moulu - 0,125 cuillère à café

Directions:

1. Faites chauffer une poêle antiadhésive de dix pouces à feu moyen tout en préparant la pâte à crêpes aux pois chiches.

2. Dans un plat allant au four, fouetter ensemble la farine de pois chiches, la levure chimique et les assaisonnements. Une fois combiné, ajoutez l'eau et battez vigoureusement pendant quinze à trente secondes, pour fouetter beaucoup de bulles d'air dans la pâte de pois chiches et la décomposer en grumeaux.

Ajoutez l'oignon coupé en dés et le poivre.

3. Une fois la poêle chaude, versez toute la pâte d'un coup pour créer une grosse crêpe. Déplacez la poêle en mouvements circulaires pour répartir la pâte uniformément sur le fond de la poêle, puis laissez-la reposer tranquillement.

4. Faites cuire la crêpe aux pois chiches jusqu'à ce qu'elle soit prise et puisse être facilement retournée sans se casser, environ 5 à 7 minutes. Le fond doit être doré. Avec précaution, retournez la crêpe salée aux pois chiches avec une grande spatule et laissez cuire l'autre côté pendant encore cinq minutes.

5. Retirez du feu la poêle avec la crêpe salée aux pois chiches et transférez la crêpe dans une assiette en la gardant entière ou en la coupant en quartiers. Servir avec votre choix de trempettes et trempettes savoureuses.

Latte au curcuma : 2 portions

Temps de cuisson : 5 minutes

Ingrédients:

1 1/2 tasse de lait de coco, non sucré

1 1/2 tasse de lait d'amande, non sucré

¼ cuillère à café de gingembre moulu

1 ½ cuillères à café de curcuma moulu

1 cuillère à soupe d'huile de coco

¼ cuillère à café de cannelle moulue

Directions:

1. Mettez le lait de coco et d'amande dans une casserole et faites chauffer à feu moyen, ajoutez le gingembre, l'huile, le curcuma et la cannelle. Mélanger et cuire 5 minutes, répartir dans des bols et servir.

2. Amusez-vous !

Information nutritionnelle:calories 171, lipides 3, fibres 4, glucides 6, protéines 7

Shakshuka verte : 4 portions

Temps de cuisson : 25 minutes

Ingrédients:

2 cuillères à soupe d'huile d'olive extra vierge

1 oignon, haché

2 gousses d'ail, hachées

1 jalapeño épépiné et haché

1 livre d'épinards (décongelés s'ils sont congelés)

1 cuillère à café de cumin séché

¾ cuillère à café de coriandre

Sel et poivre noir fraîchement moulu

2 cuillères à soupe de harissa

½ tasse de bouillon de légumes

8 gros œufs

Persil frais haché, si nécessaire pour servir Coriandre fraîche, hachée, si nécessaire pour servir Flocons de piment, si nécessaire pour servir

Directions:

1. Préchauffer le four à 350 °F.

2. Faites chauffer l'huile d'olive dans une grande poêle allant au four à feu moyen. Ajouter l'oignon et faire revenir pendant 4 à 5 minutes. Incorporer l'ail et le jalapeño, puis faire revenir 1 minute de plus jusqu'à ce qu'ils soient parfumés.

3. Ajouter les épinards et cuire jusqu'à ce qu'ils soient complètement fanés s'ils sont frais, 4 à 5 minutes ou 1 à 2 minutes s'ils sont décongelés, jusqu'à ce qu'ils soient bien chauds.

4. Assaisonner avec du cumin, du poivre, de la coriandre, du sel et de l'harissa. Cuire environ 1 minute, jusqu'à ce qu'il soit parfumé.

5. Réduisez le mélange en purée dans le bol d'un robot culinaire ou dans un mélangeur et mélangez jusqu'à obtenir une consistance grossière. Ajouter le bouillon et mélanger jusqu'à obtenir un mélange lisse et épais.

6. Nettoyez la poêle et saupoudrez-la d'un enduit à cuisson antiadhésif. Versez le mélange d'épinards dans la poêle et faites huit puits circulaires avec une cuillère en bois.

7. Cassez délicatement les œufs dans les tubes. Placez le moule au four et faites cuire au four pendant 20 à 25 minutes jusqu'à ce que les blancs d'œufs soient complètement pris, mais que les jaunes soient encore un peu tremblants.

8. Saupoudrer de persil, de coriandre et de flocons de piment rouge sur la shakshuka, au goût. Sers immédiatement.

<u>Information nutritionnelle:</u>251 calories 17 g de matières grasses 10 g de glucides 17 g de protéines 3 g de sucres

Pain protéiné au quinoa :

Portions 12

Temps de cuisson : 1 heure et 45 minutes

Ingrédients:

Farine de pois chiches - 1 tasse

Farine de quinoa grillée - 1 tasse

Fécule de pomme de terre - 1 tasse

Farine de sorgho - 1 tasse

Gomme xanthane - 2 cuillères à café

Sel de mer - 1 cuillère à café

Eau chaude - 1,5 tasse

Levure sèche active - 1,5 cuillères à café

Pâte de dattes - 2 cuillères à soupe

Graines de pavot - 1 cuillère à soupe

Graines de tournesol - 1 cuillère à soupe

Pépitas - 2 cuillères à soupe

Huile d'avocat - 3 cuillères à soupe

Oeufs, température ambiante - 3

Directions:

1. Préparez un moule à pain de neuf pouces sur cinq en le tapissant de papier sulfurisé puis en le graissant légèrement.

2. Dans un plat allant au four, fouettez ensemble l'eau chaude, la pâte de dattes et la levure jusqu'à ce que le contenu soit complètement dissous. Laissez ce mélange de pain au quinoa reposer pendant cinq à dix minutes, jusqu'à ce que la levure ait levé et levé – cela doit être fait dans un environnement chaud.

3. Pendant ce temps, dans un plat allant au four plus grand, de préférence pour un robot culinaire, mélanger les farines, la fécule, la gomme xanthane et le sel marin jusqu'à ce que le tout soit bien mélangé. Enfin, dans un petit plat allant au four, fouettez ensemble l'huile d'avocat et les œufs. Mettez-les de côté en attendant que la levure finisse de fleurir.

4. Une fois la levure fleurie, mettez le mixeur avec le mélange de farine sur feu doux et versez le mélange de levure. Laissez le batteur sur socle équipé de la palette mélanger le liquide et la farine pendant quelques instants avant d'ajouter le mélange d'œufs et d'huile. Continuez à laisser ce mélange

se mélanger pendant deux minutes jusqu'à ce qu'il forme un mélange cohérent.

boule de pâte. Ajoutez les graines à la pâte et mélangez encore une minute à vitesse moyenne. Gardez à l'esprit que la pâte sera plus humide et moins élastique qu'une pâte à base de farine traditionnelle, puisqu'elle est sans gluten.

5. Versez la pâte protéinée de quinoa dans le moule préparé, couvrez-la d'un film plastique de cuisine ou d'un chiffon propre et humide et laissez-la lever dans un endroit chaud et à l'abri des courants d'air jusqu'à ce qu'elle double de volume, environ quarante minutes.

Pendant ce temps, chauffez le four à 375 degrés Fahrenheit.

6. Placez le pain levé au centre du four et laissez cuire jusqu'à ce qu'il soit complètement cuit et doré. Lorsque vous tapotez la miche de pain protéiné au quinoa, elle devrait sonner creuse. Retirez le moule à pain aux protéines de quinoa du four et laissez-le refroidir pendant cinq minutes avant de retirer le pain aux protéines de quinoa du moule et de le transférer sur une grille pour terminer le refroidissement. Laissez le pain de quinoa refroidir complètement avant de le trancher.

Muffins aux carottes, gingembre et noix de coco

Portions : 12

Temps de cuisson : 20-22 minutes

Ingrédients:

2 tasses de farine d'amande blanchie

½ tasse de noix de coco râpée non sucrée

1 cuillère à café de bicarbonate de soude

½ cuillère à café de piment de la Jamaïque

½ cuillère à café de gingembre moulu

Une pincée de clous de girofle moulus

Sel au goût

3 œufs bio

½ tasse de miel biologique

½ tasse d'huile de coco

1 tasse de carottes, pelées et râpées

2 cuillères à soupe de gingembre frais, pelé et râpé ¾ tasse de raisins secs, trempés dans l'eau pendant 15 minutes et égouttésDirections:

1. Préchauffer le four à 350 degrés F. Beurrer 12 tasses d'un grand moule à muffins.

2. Dans un bol assez grand, mélangez la farine, les morceaux de noix de coco, le bicarbonate de soude, les épices et le sel.

3. Dans un autre bol, ajoutez les œufs, le miel et l'huile et battez jusqu'à consistance lisse.

4. Ajoutez le mélange d'œufs au mélange de farine et mélangez jusqu'à ce que le tout soit bien mélangé.

5. Incorporez la carotte, le gingembre et les raisins secs.

6. Répartir le mélange uniformément dans les moules à muffins préparés.

7. Cuire au four environ 20 à 22 minutes ou jusqu'à ce qu'un cure-dent inséré au centre en ressorte propre.

Information nutritionnelle:Calories : 352, Lipides : 13 g, Glucides : 33 g, Fibres : 9 g, Protéines : 15 g

Porridge chaud au miel : 4 portions

Ingrédients:

¼ c. Miel

½ c. gruau

3 ch. eau bouillante

¾ c. boulgour

Directions:

1. Mettez le boulgour et les flocons d'avoine dans une casserole. Ajoutez l'eau bouillante et mélangez.

2. Placez la casserole sur feu vif et portez à ébullition. Une fois à ébullition, réduisez le feu à doux, puis couvrez et laissez mijoter 10 minutes en remuant de temps en temps.

3. Retirer du feu, incorporer le miel et servir immédiatement.

<u>Information nutritionnelle:</u>Calories : 172, Lipides : 1 g, Glucides : 40 g, Protéines : 4 g, Sucres : 5 g, Sodium : 20 mg

Salade du petit déjeuner :

Portions 4

Temps de cuisson : 0 minutes

Ingrédients:

27 onces de salade de chou frisé mélangée à des fruits secs 1 ½ tasse de bleuets

15 onces de betteraves, cuites, pelées et coupées en dés

¼ tasse d'huile d'olive

2 cuillères à soupe de vinaigre de cidre de pomme

1 cuillère à café de poudre de curcuma

1 cuillère à soupe de jus de citron

1 gousse d'ail, hachée

1 cuillère à café de gingembre frais râpé

Une pincée de poivre noir

Directions:

1. Dans un saladier, mélangez le chou frisé et les fruits secs avec les betteraves et les myrtilles. Dans un autre bol, mélangez l'huile avec le vinaigre, le curcuma, le jus de citron, l'ail, le gingembre et une pincée de poivre noir, battez bien puis versez sur la salade, mélangez et servez.

2. Amusez-vous !

Information nutritionnelle:calories 188, lipides 4, fibres 6, glucides 14, protéines 7

Quinoa rapide à la cannelle et aux graines de chia :

Portions 2

Temps de cuisson : 3 minutes

Ingrédients:

2 tasses de quinoa, précuit

1 tasse de lait de cajou

½ cuillère à café de cannelle moulue

1 tasse de bleuets frais

¼ tasse de noix grillées

2 cuillères à café de miel brut

1 cuillère à soupe de graines de chia

Directions:

1. À feu moyen-doux, ajoutez le quinoa et le lait de cajou dans une casserole. Incorporer la cannelle, les myrtilles et les noix. Cuire lentement pendant trois minutes.

2. Retirez la casserole du feu. Incorporer le miel. Garnir de graines de chia avant de servir.

<u>Information nutritionnelle:</u>Calories 887 Lipides : 29,5 g Protéines : 44 Sodium : 85 mg Glucides totaux : 129,3 g Fibres alimentaires : 18,5 g

Gaufres à la patate douce sans céréales

Portions : 2

Temps de cuisson : 15 minutes

Ingrédients:

Patates douces, râpées - 3 tasses

Farine de noix de coco - 2 cuillères à soupe

Arrow-root - 1 cuillère à soupe

Oeufs - 2

Huile de soja - 1 cuillère à soupe

Cannelle moulue - 0,5 cuillère à café

Noix de muscade moulue - 0,25 cuillère à café

Sel de mer - 0,25 cuillères à café

Pâte de dattes - 1 cuillère à soupe

Directions:

1. Avant de mélanger les gaufres, commencez par chauffer le gaufrier.

2. Dans un bol, fouetter ensemble les œufs, l'huile de soja et la pâte de dattes jusqu'à ce que le tout soit bien mélangé. Ajouter le reste des ingrédients et mélanger jusqu'à ce que tous les ingrédients soient uniformément répartis.

3. Beurrez le gaufrier chauffé et ajoutez un peu de pâte.

Rapprochez le fer et laissez les gaufres cuire jusqu'à ce qu'elles soient dorées, environ six à sept minutes. Une fois terminé, retirez la gaufrette à l'aide d'une fourchette puis faites cuire la seconde moitié de la pâte de la même manière.

4. Servez des gaufres chaudes à la patate douce sans céréales avec vos garnitures préférées, comme du yaourt et des baies fraîches, de la compote de fruits ou du sirop aromatisé à l'érable des moines Lakanto.

Omelette aux champignons, quinoa et asperges

Portions : 3

Temps de cuisson : 30 minutes

Ingrédients:

2 cuillères à soupe d'huile d'olive

1 tasse de champignons tranchés

1 tasse d'asperges, coupées en morceaux de 1 pouce

½ tasse de tomates hachées

6 gros œufs, élevés au pâturage

2 gros blancs d'oeufs, élevés au pâturage

¼ tasse de lait végétal

1 tasse de quinoa, cuit selon l'emballage 3 cuillères à soupe de basilic haché

1 cuillère à soupe de persil haché, garnir

Sel et poivre au goût

Directions:

1. Préchauffer le four à 3500F.

2. Dans une poêle, faites chauffer l'huile d'olive à feu moyen.

3. Incorporez les champignons et les asperges.

4. Assaisonner avec du sel et du poivre au goût. Faire sauter pendant 7 minutes ou jusqu'à ce que les champignons et les asperges soient dorés.

5. Ajoutez les tomates et laissez cuire encore 3 minutes. Mettre à part.

6. Pendant ce temps, mélangez les œufs, le blanc d'œuf et le lait dans un bol.

Mettre à part.

7. Disposez le quinoa dans un plat allant au four et décorez avec le mélange de légumes. Versez le mélange d'œufs.

8. Mettre au four et cuire au four pendant 20 minutes ou jusqu'à ce que les œufs soient pris.

Information nutritionnelle:Calories 450 Lipides totaux 37 g Lipides saturés 5 g Glucides totaux 17 g Glucides nets 14 g Protéines 12 g Sucre : 2 g Fibres : 3 g Sodium : 60 mg Potassium 349 mg

Oeufs Rancheros : 3 portions

Temps de cuisson : 20 minutes

Ingrédients:

Oeufs - 6

Tortillas de maïs, petites - 6

Haricots frits - 1,5 tasses

Piments verts coupés en dés, en conserve - 4 oz

Tomates rôties en conserve - 14,5 oz

Avocat, tranché - 1

Ail haché - 2 gousses

Coriandre hachée - 0,5 tasse

Oignon coupé en dés - 0,5

Sel de mer - 0,5 cuillère à café

Cumin moulu - 0,5 cuillère à café

Huile d'olive extra vierge - 1 cuillère à café

Poivre noir moulu - 0,25 cuillère à café

Directions:

1. Dans une casserole, laissez mijoter les tomates rôties, les piments verts, le sel marin, le cumin et le poivre noir pendant cinq minutes.

2. Pendant ce temps, faites revenir l'oignon et l'huile d'olive dans une grande poêle, en ajoutant l'ail dans la dernière minute de cuisson, environ cinq minutes au total.

3. Faites sauter les œufs selon vos préférences de cuisson souhaitées ; faire chauffer les haricots frits et réchauffer les tortillas.

4. Pour servir, déposer les haricots frits, les tomates, les oignons et les œufs sur les tortillas. Garnir d'avocat et de coriandre, puis déguster frais et chaud. Vous pouvez ajouter de la salsa, du fromage ou de la crème sure si vous le souhaitez.

Omelette aux champignons et aux épinards

Portions : 2

Temps de cuisson : 15 minutes

Ingrédients:

Huile d'olive, une cuillère à soupe + une cuillère à soupe

Épinards, frais, hachés, une tasse et demie d'oignon vert, un en dés

Oeufs, trois

Fromage feta, une once

Champignons, boutons, cinq tranches

Oignon rouge, coupé en dés, un quart de tasse

Directions:

1. Faire revenir les champignons, les oignons et les épinards pendant trois minutes dans une cuillère à soupe d'huile d'olive et réserver. Battez bien les œufs et faites-les cuire dans l'autre cuillère à soupe d'huile d'olive pendant trois ou quatre minutes jusqu'à ce que les bords commencent à dorer. Saupoudrer tous les autres ingrédients sur la moitié de l'omelette et replier l'autre moitié sur les ingrédients sautés. Cuire une minute de chaque côté.

<u>Information nutritionnelle:</u>Calories 337 lipides 25 grammes de protéines 22 grammes de glucides 5,4 grammes de sucre 1,3 grammes de fibres 1 gramme

Gaufres à la citrouille et à la banane

Portions : 4

Temps de cuisson : 5 minutes

Ingrédients:

½ tasse de farine d'amande

½ tasse de farine de noix de coco

1 cuillère à café de bicarbonate de soude

1 cuillère à café et demie de cannelle moulue

¾ cuillère à café de gingembre moulu

½ cuillère à café de clous de girofle moulus

½ cuillère à café de muscade moulue

Sel au goût

2 cuillères à soupe d'huile d'olive

5 gros œufs bio

¾ tasse de lait d'amande

½ tasse de purée de citrouille

2 bananes moyennes, pelées et tranchées

Directions:

1. Préchauffez le gaufrier puis graissez-le.

2. Dans un bol assez grand, mélangez les farines, le bicarbonate de soude et les épices.

3. Dans un mélangeur, ajoutez le reste des ingrédients et mélangez jusqu'à consistance lisse.

4. Ajouter le mélange de farine et mélanger jusqu'à ce que

5. Dans le gaufrier préchauffé, ajoutez la quantité requise de mélange.

6. Cuire environ 4 à 5 minutes.

7. Répétez en utilisant le reste du mélange.

Information nutritionnelle:Calories : 357,2, Lipides : 28,5 g, Glucides : 19,7 g, Fibres : 4 g, Protéines : 14 g

Oeufs brouillés au saumon fumé Portions : 2

Temps de cuisson : 10 minutes

Ingrédients:

4 œufs

2 cuillères à soupe de lait de coco

Ciboulette fraîche, hachée

4 tranches de saumon sauvage fumé, hachées Sel au goût

Directions:

1. Dans un bol, fouettez l'œuf, le lait de coco et la ciboulette.

2. Graisser la poêle avec de l'huile et chauffer à feu moyen-doux.

3. Versez le mélange d'œufs et remuez les œufs pendant la cuisson.

4. Lorsque les œufs commencent à se déposer, ajoutez le saumon fumé et laissez cuire encore 2 minutes.

Information nutritionnelle:Calories 349 Lipides totaux 23 g Lipides saturés 4 g Glucides totaux 3 g Glucides nets 1 g Protéines 29 g Sucre : 2 g Fibres : 2 g Sodium : 466 mg Potassium 536 mg

Risotto crémeux au parmesan, aux champignons et au chou-fleur

Portions : 2

Temps de cuisson : 18 minutes

Ingrédients:

1 gousse d'ail, pelée, tranchée

½ tasse de crème épaisse

½ tasse de chou-fleur, riz

½ tasse de champignons, tranchés

Huile de coco, pour la friture

Parmesan, râpé, pour la garniture

Directions:

1. Prenez une poêle, mettez-la sur feu moyen-vif, ajoutez l'huile de coco et quand elle fond, ajoutez l'ail et les champignons et laissez cuire 4

minutes ou jusqu'à ce qu'ils soient sautés.

2. Ajoutez ensuite le chou-fleur et la crème dans la poêle, mélangez bien et laissez mijoter 12 minutes.

3. Transférer le risotto dans une assiette, garnir de fromage et servir.

<u>Information nutritionnelle:</u>Calories 179, matières grasses totales 17,8 g, glucides totaux 4,4 g, protéines 2,8 g, sucre 2,1 g, sodium 61 mg

Brocoli ranch rôti au cheddar

Portions : 2

Temps de cuisson : 30 minutes

Ingrédients:

1½ tasse de fleurons de brocoli

Sel et poivre noir fraîchement concassé, au goût 1/8 tasse de vinaigrette ranch

1/8 tasse de crème fouettée épaisse

¼ tasse de fromage cheddar fort râpé

1 cuillère à soupe d'huile d'olive

Directions:

1. Allumez le four, puis réglez la température à 375°F et laissez-le préchauffer.

2. Pendant ce temps, prenez un bol moyen, ajoutez les fleurons ainsi que le reste des ingrédients et mélangez jusqu'à ce que le tout soit bien mélangé.

3. Prenez un plat allant au four, graissez-le avec de l'huile, versez-y le mélange préparé et laissez cuire 30 minutes jusqu'à ce qu'il soit complètement cuit.

4. Une fois terminé, laissez refroidir la cocotte pendant 5 minutes puis servez.

<u>Information nutritionnelle:</u>Calories 111, matières grasses totales 7,7 g, glucides totaux 5,7 g, protéines 5,8 g, sucre 1,6 g, sodium 198 mg

Porridge super-protéiné

Portions : 2

Temps de cuisson : 8 minutes

Ingrédients:

¼ tasse de noix ou de pacanes, hachées grossièrement ¼ tasse de noix de coco grillée, non sucrée

2 cuillères à soupe de graines de chanvre

2 cuillères à soupe de graines de chia entières

¾ tasse de lait d'amande, non sucré

¼ tasse de lait de coco

¼ tasse de beurre d'amande, grillé

½ cuillère à café de curcuma moulu

1 cuillère à soupe d'huile de coco extra vierge ou d'huile MCT

2 cuillères à soupe d'érythritol ou 5 à 10 gouttes de stevia liquide (facultatif) une pincée de poivre noir moulu

½ cuillère à café de cannelle ou ½ cuillère à café de vanille en poudre

Directions:

1. Mettez les noix, les flocons de noix de coco et les graines de chanvre dans une casserole chaude. Rôtir le mélange pendant 2 minutes ou jusqu'à ce qu'il soit parfumé. Remuer plusieurs fois pour éviter de brûler. Transférer le mélange de rôti dans un bol. Mettre à part.

2. Mélangez les amandes et le lait de coco dans une petite casserole sur feu moyen. Faites chauffer le mélange.

3. Après avoir chauffé, mais pas bouilli, éteignez le feu. Ajoutez tous les autres ingrédients. Bien mélanger jusqu'à ce qu'il soit complètement fondu. Laisser reposer 10 minutes.

4. Mélangez la moitié du mélange rôti avec le porridge. Versez la bouillie dans deux bols. Saupoudrer chaque bol de la moitié restante du mélange grillé et de cannelle moulue. Servez le porridge immédiatement.

Information nutritionnelle:Calories 572 Lipides : 19 g Protéines : 28,6 g Sodium : 87 mg Glucides totaux : 81,5 g Fibres alimentaires : 10 g

Gruau à la mangue et à la noix de coco

Portions : 1

Ingrédients:

½ c. lait de coco

Sel casher

1 c. flocons d'avoine à l'ancienne

1/3 c. mangue fraîche hachée

2 cuillères à soupe. Flocons de noix de coco non sucrés

Directions:

1. Portez le lait à ébullition dans une casserole moyenne à feu vif. Incorporer les flocons d'avoine et le sel et réduire le feu à doux. Laisser mijoter environ 5

minutes, jusqu'à ce que les flocons d'avoine soient crémeux et tendres.

2. Pendant ce temps, faites griller les flocons de noix de coco pendant environ 2-3 minutes jusqu'à ce qu'ils soient dorés dans une petite poêle sèche à feu doux.

3. Une fois terminé, garnissez les flocons d'avoine de flocons de mangue et de noix de coco, servez et dégustez.

Information nutritionnelle:Calories : 428, Lipides : 18 g, Glucides : 60 g, Protéines : 10 g, Sucres : 26 g, Sodium : 122 mg.

Portions d'omelette aux champignons et aux épinards

Portions : 4

Temps de cuisson : 30 minutes

Ingrédients:

6 oeufs

60 ml de lait

3 cuillères à soupe (45 ml) de beurre

2 tasses (500 ml) de bébés épinards

Sel et poivre

1 tasse de fromage cheddar râpé

1 oignon, tranché finement

120 g de champignons de Paris blancs émincés

Directions:

1. Préchauffer le four à 180°C (350°F), avec la grille en position médiane. Beurrer un plat allant au four carré de 20 cm. Mettre à part.

2. Mélangez les œufs et le lait dans un grand bol avec un fouet. Incorporer le fromage. Assaisonner de poivre et de sel. Mettez le bol de côté.

3. Faites cuire l'oignon, puis les champignons dans le beurre à feu moyen, dans une grande poêle antiadhésive. Assaisonner de poivre et de sel. Ajouter les épinards, puis cuire environ 1 minute en remuant constamment.

4. Versez le mélange de champignons dans le mélange d'œufs. Retirer et verser dans un plat allant au four. Cuire l'omelette pendant environ 25 minutes ou jusqu'à ce qu'elle soit dorée et légèrement gonflée. Coupez l'omelette en quatre carrés et retirez-la du plat de service à l'aide d'une spatule. Disposez-les dans une assiette et voilà, ils sont prêts à servir chauds ou froids.

<u>Information nutritionnelle:</u>Calories 123 Glucides : 4 g Lipides : 5 g Protéines : 15 g

Pommes à la cannelle cuites à la vapeur à la mijoteuse

Portions : 6

Temps de cuisson : 4 heures

Ingrédients:

8 pommes (pelées, évidées)

2 cuillères à café de jus de citron

2 cuillères à café de cannelle

½ cuillère à café de muscade

¼ tasse de sucre de coco

Directions:

1. Placez tous les éléments dans la mijoteuse.

2. Réglez la mijoteuse à feu doux pendant 3 à 4 heures.

3. Cuire jusqu'à ce que les pommes soient tendres. Servir.

<u>Information nutritionnelle:</u>Calories 136 Lipides totaux : 0 g Glucides : 36 g

Protéines : 1 g Sucre : 26 g Fibres 5 g Sodium : 6 mg Cholestérol : 0 mg

Pain de maïs complet

Portions : 8

Temps de cuisson : 35 minutes

Ingrédients:

Farine de maïs complète jaune - 1 tasse

Farine complète blanche -1 tasse

Oeuf - 1

Pâte de dattes - 2 cuillères à soupe

Huile d'olive extra vierge - 0,33 tasse

Sel de mer - 1 cuillère à café

Levure chimique - 1 cuillère à soupe

Bicarbonate de soude - 0,5 cuillère à café

Lait d'amande - 1 tasse

Directions:

1. Chauffez le four à 400 degrés Fahrenheit et préparez un moule rond de huit pouces ou un moule à pain en fonte. Beurrer généreusement le moule.

2. Dans un plat allant au four, fouetter ensemble la semoule de maïs, la farine complète, le sel marin et les agents levants jusqu'à ce que le tout soit bien mélangé.

3. Dans un autre plat allant au four, fouetter ensemble le reste des ingrédients jusqu'à ce que le tout soit bien mélangé. Ajouter le mélange de farine, en pliant les deux ensemble jusqu'à ce que le tout soit bien mélangé.

4. Versez la pâte à pain de maïs dans le moule préparé et placez-la au four jusqu'à ce qu'elle soit dorée et complètement prise au centre, environ vingt-cinq minutes. Retirez le pain de maïs du four et laissez-le refroidir pendant cinq minutes avant de le trancher.

Omelette aux tomates

Portions : 1

Temps de cuisson : 8 minutes

Ingrédients:

Oeufs, deux

Basilic frais, demi-tasse

Tomates cerises, une demi-tasse

Poivre noir, une cuillère à café

Fromage, n'importe quelle sorte, un quart de tasse râpé

Sel, une demi-cuillère à café

Huile d'olive, deux cuillères à soupe

Directions:

1. Coupez les tomates en quartiers. Faites-le frire dans l'huile d'olive pendant trois minutes. Mettez les tomates de côté. Salez et poivrez les œufs dans un petit bol et battez bien. Versez le mélange d'œufs battus dans la poêle et utilisez une spatule pour travailler délicatement les bords sous l'omelette, en laissant les œufs frire pendant trois minutes. Pendant que le

tiers médian du mélange d'œufs est encore liquide, ajoutez le basilic, les tomates et le fromage. Pliez plus de la moitié de l'omelette sur l'autre moitié. Cuire encore deux minutes et servir.

<u>Information nutritionnelle:</u>Calories 342 glucides 8 grammes de protéines 20 grammes de lipides 25,3 grammes

Gruau à la cassonade et à la cannelle

Portions : 4

Ingrédients:

½ c. poudre de cannelle

1 ½ c. extrait de vanille pur

¼ c. cassonade légère

2 ch. lait faible en gras

1 1/3 c. flocons d'avoine

Directions:

1. Mesurez le lait et la vanille dans une casserole moyenne et portez à ébullition à feu moyen-vif.

2. Une fois à ébullition, réduisez le feu à moyen. Incorporer les flocons d'avoine, la cassonade et la cannelle et cuire en remuant pendant 2 à 3 minutes.

3. Servir immédiatement, en saupoudrant de cannelle supplémentaire si vous le souhaitez.

<u>Information nutritionnelle:</u>Calories : 208, Lipides : 3 g, Glucides : 38 g, Protéines : 8 g, Sucres : 15 g, Sodium : 105 mg

Porridge aux poires rôties

Portions : 2

Temps de cuisson : 30 minutes

Ingrédients:

¼ cuillère à café de sel

2 cuillères à soupe de noix de pécan hachées

1 cuillère à café de sirop d'érable pur

1 tasse de yogourt grec 0 %, pour servir

Des poires

Bouillie

½ tasse d'amarante crue

1/2 tasse d'eau

1 tasse de lait 2%

1 cuillère à café de sirop d'érable

1 grosse poire

1/2 cuillère à café de cannelle moulue

1/4 cuillère à café de gingembre moulu

1/8 cuillère à café de muscade moulue

1/8 cuillère à café de clous de girofle moulus

Garniture noix de pécan/poire

Directions:

1. Préchauffer le four à 400°F.

2. Égouttez l'amarante et rincez-la. Mélangez avec de l'eau, une tasse de lait et du sel, portez l'amarante à ébullition et laissez mijoter.

Couvrir et cuire 25 minutes jusqu'à ce que l'amarante soit tendre, mais qu'il reste un peu de liquide. Retirer du feu et laisser l'amarante épaissir pendant encore 5 à 10 minutes. Si vous le souhaitez, appliquez un peu plus de lait pour lisser la texture.

3. Mélangez les morceaux de noix de pécan avec 1 cuillère à soupe de sirop d'érable.

Cuire 10 à 15 minutes, jusqu'à ce que les pacanes soient grillées et que le sirop d'érable soit sec. Une fois terminées, les noix de pécan peuvent devenir relativement parfumées. Une fois refroidies, les noix de pécan sont croustillantes.

4. Coupez les poires en dés avec les pacanes et mélangez avec la cuillère à café de sirop d'érable restante et les épices. Cuire au four 15 minutes dans un plat allant au four, jusqu'à ce que les poires soient tendres.

5. Dans le porridge, ajoutez les 3/4 des poires rôties. Répartir le yaourt dans deux bols et garnir de porridge, de pacanes rôties et des morceaux de poire restants.

Information nutritionnelle:Calories 55 Glucides : 11 g Lipides : 2 g Protéines : 0 g

Crêpes à la crème sucrée

Portions : 2

Temps de cuisson : 10 minutes

Ingrédients:

2 oeufs bio

1 cuillère à café de stévia

Sel au goût

2 cuillères à soupe d'huile de coco, fondue, divisée

2 cuillères à soupe de farine de noix de coco

½ tasse de crème épaisse

Directions:

1. Cassez les œufs dans un bol, ajoutez 1 cuillère à soupe d'huile de coco, de stevia et de sel et battez au batteur électrique jusqu'à ce que le tout soit bien mélangé.

2. Incorporer lentement la farine de noix de coco jusqu'à ce qu'elle soit incorporée, puis incorporer la crème jusqu'à ce que le tout soit bien mélangé.

3. Prenez une poêle, placez-la sur feu moyen, graissez-la avec de l'huile et, lorsqu'elle est chaude, versez la moitié du mélange et laissez cuire environ 2 heures.

minutes de chaque côté jusqu'à ce que la crêpe soit cuite.

4. Transférez la crêpe dans une assiette et faites cuire une autre crêpe de la même manière avec le reste de la pâte puis servez.

5. Pour préparer les repas, enveloppez chaque crêpe à la crème dans un morceau de papier ciré, puis placez-la dans un sac en plastique, fermez le sac et conservez-le au congélateur jusqu'à trois jours.

6. Au moment de manger, réchauffez la crêpe pendant 2 minutes au micro-ondes jusqu'à ce qu'elle soit chaude puis servez.

<u>Information nutritionnelle:</u>298, lipides totaux 27,1 g, glucides totaux 8 g, protéines 7 g, sucre 2,4 g, sodium 70 mg

Crêpes à l'avoine

Portions : 1

Temps de cuisson : 10 minutes

Ingrédients:

Oeuf - 1

Flocons d'avoine, moulus - 0,5 tasse

Lait d'amande - 2 cuillères à soupe

Bicarbonate de soude - 0,125 cuillère à café

Levure chimique - 0,125 cuillère à café

Extrait de vanille - 1 cuillère à café

Pâte de dattes - 1 cuillère à café

Directions:

1. Faites chauffer votre plaque antiadhésive ou votre poêle à feu moyen pendant que vous préparez les crêpes.

2. Placez les flocons d'avoine dans le mélangeur ou le robot culinaire et mélangez jusqu'à obtenir une consistance fine. Ajoutez-les dans un bol en les fouettant avec la levure chimique et le bicarbonate de soude.

3. Dans un autre bol de cuisine, fouetter ensemble l'œuf, le lait d'amande, la pâte de dattes et l'extrait de vanille jusqu'à ce que le tout soit bien mélangé. Ajouter le mélange œuf sucré/lait d'amande au mélange de flocons d'avoine et mélanger jusqu'à ce que le tout soit bien mélangé.

4. Beurrez le moule puis versez la pâte à crêpes en laissant un peu d'espace entre chaque crêpe. Laissez les crêpes cuire pendant environ deux à trois minutes, jusqu'à ce qu'elles soient dorées et bouillonnantes.

Avec précaution, retournez les crêpes et faites cuire l'autre côté pendant quelques minutes jusqu'à ce qu'elles soient dorées.

5. Retirez les crêpes du feu et servez avec des fruits, du yaourt, de la compote ou du sirop d'érable aux fruits du moine Lakanto.

Délicieuses flocons d'avoine aromatisés à l'érable

Portions : 4

Temps de cuisson : 20 minutes

Ingrédients:

Arôme d'érable, une cuillère à café

Cannelle, une cuillère à café

Graines de tournesol, trois cuillères à soupe

Pacanes, demi-tasse hachées

Flocons de noix de coco, non sucrés, quart de tasse de noix, demi-tasse hachées

Lait, amande ou noix de coco, une demi-tasse

Graines de chia, quatre cuillères à soupe

Directions:

1. Mélangez les graines de tournesol, les noix et les pacanes dans un robot culinaire pour les émietter. Ou vous pouvez simplement placer les noix dans

un sac en plastique solide, envelopper le sac avec une serviette, le placer sur une surface solide et tapoter la serviette avec un marteau jusqu'à ce que les noix soient émiettées. Mélangez les noix concassées avec le reste des ingrédients et versez-les dans une grande casserole.

Faites bouillir ce mélange à feu doux pendant trente minutes. Remuez souvent pour que le mélange ne colle pas au fond. Servir garni de fruits frais ou d'une pincée de cannelle si désiré.

Information nutritionnelle:Calories 374 glucides 3,2 grammes de protéines 9,25 grammes de lipides 34,59 grammes

Smoothie fraise et kiwi

Portions : 1

Temps de cuisson : 0 minutes

Ingrédients:

Kiwi pelé et haché, un

Fraises, fraîches ou surgelées, une demi-tasse de lait haché, amandes ou noix de coco, une tasse

Basilic moulu, une cuillère à café

Curcuma, une cuillère à café

Banane, coupée en dés, une

Graines de chia en poudre, un quart de tasse

Directions:

1. Boire immédiatement après que tous les ingrédients soient bien mélangés.

Information nutritionnelle:Calories 250 sucre 9,9 grammes de matières grasses 1 gramme grammes 34 glucides fibres 4,3 grammes

Bouillie de graines de lin à la cannelle

Portions : 4

Temps de cuisson : 5 minutes

Ingrédients:

1 cuillère à café de cannelle

1 cuillère à café et demie de stevia

1 cuillère à soupe de beurre non salé

2 cuillères à soupe de farine de lin

2 cuillères à soupe de flocons d'avoine aux graines de lin

½ tasse de noix de coco râpée

1 tasse de crème

2 tasses d'eau

Directions:

1. Prenez une casserole moyenne, placez-la sur feu doux, ajoutez tous les ingrédients, remuez jusqu'à ce que le tout soit bien mélangé et portez le mélange à ébullition.

2. Lorsque le mélange bout, retirez la casserole du feu, mélangez bien et répartissez-le uniformément dans quatre bols.

3. Laissez reposer le porridge pendant 10 minutes jusqu'à ce qu'il épaississe légèrement, puis servez.

Information nutritionnelle:Calories 171, matières grasses totales 16 g, glucides totaux 6 g, protéines 2 g

Barres de petit-déjeuner aux bleuets et aux patates douces Portions : 8

Temps de cuisson : 40 minutes

Ingrédients:

1 ½ tasse de purée de patates douces

2 cuillères à soupe d'huile de coco fondue

2 cuillères à soupe de sirop d'érable

2 œufs, élevés au pâturage

1 tasse de farine d'amande

1/3 tasse de farine de noix de coco

1 ½ cuillères à café de bicarbonate de soude

1 tasse de bleuets frais, dénoyautés et hachés

¼ tasse d'eau

Directions:

1. Préchauffer le four à 3500F.

2. Graisser un plat allant au four de 9 pouces avec de l'huile de noix de coco. Mettre à part.

3. Dans un bol. Mélangez la purée de patate douce, l'eau, l'huile de coco, le sirop d'érable et les œufs.

4. Dans un autre bol, tamisez ensemble la farine d'amande, la farine de noix de coco et le bicarbonate de soude.

5. Ajoutez progressivement les ingrédients secs aux ingrédients humides. Utilisez une spatule pour plier et mélanger tous les ingrédients.

6. Versez dans le moule préparé et pressez les canneberges dessus.

7. Mettre au four et cuire au four pendant 40 minutes ou jusqu'à ce qu'un cure-dent inséré au centre en ressorte propre.

8. Laisser reposer ou refroidir avant de démouler.

Information nutritionnelle:Calories 98 Lipides totaux 6 g Lipides saturés 1 g Glucides totaux 9 g Glucides nets 8,5 g Protéines 3 g Sucre : 7 g Fibres : 0,5 g Sodium : 113 mg Potassium 274 mg

Gruau cuit au four aux épices et à la citrouille

Portions : 6

Temps de cuisson : 35 minutes

Ingrédients:

Flocons d'avoine - 1,5 tasses

Lait d'amande non sucré - 0,75 tasse

Oeuf - 1

Édulcorant aux fruits du moine Lakanto - 0,5 tasse

Purée de citrouille - 1 tasse

Extrait de vanille - 1 cuillère à café

Noix de pécan hachées - 0,75 tasse

Levure chimique - 1 cuillère à café

Sel de mer - 0,5 cuillère à café

Épices pour tarte à la citrouille - 1,5 cuillère à café

Directions:

1. Chauffez le four à 350 degrés Fahrenheit et graissez un plat allant au four de huit x huit.

2. Dans un bol, fouetter ensemble les flocons d'avoine, le lait d'amande, les œufs et le reste des ingrédients jusqu'à ce que la pâte à l'avoine soit complètement mélangée. Verser le mélange de flocons d'avoine et d'épices à la citrouille dans un moule graissé et placer au centre du four.

3. Faites cuire les flocons d'avoine jusqu'à ce qu'ils soient dorés et pris, environ vingt-cinq à trente minutes. Retirez les flocons d'avoine cuits aux épices de citrouille du four et laissez-les refroidir pendant cinq minutes avant de servir. Dégustez-le chaud seul ou avec vos fruits et yaourts préférés.

Œufs brouillés aux épinards et tomates

Portions : 1

Ingrédients:

1 cuillère à café. huile d'olive

1 cuillère à café. basilic frais haché

1 tomate moyenne hachée

¼ c. fromage suisse

2 oeufs

½ c. poivre de Cayenne

½ c. épinards emballés hachés

Directions:

1. Dans un petit bol, fouettez bien les œufs, le basilic, le poivre et le fromage suisse.

2. Placez une poêle moyenne sur feu moyen et faites chauffer l'huile.

3. Incorporez la tomate et faites revenir pendant 3 minutes. Incorporer les épinards et cuire 2 minutes ou jusqu'à ce qu'ils commencent à flétrir.

4. Versez les œufs battus et mélangez pendant 2 à 3 minutes ou jusqu'à la cuisson désirée.

5. Amusez-vous.

<u>Information nutritionnelle:</u>Calories : 230, Lipides : 14,3 g, Glucides : 8,4 g, Protéines : 17,9

Smoothie tropical aux carottes, gingembre et curcuma

Portions : 1

Temps de cuisson : 0 minutes

Ingrédients:

1 orange sanguine, pelée et épépinée

1 grosse carotte, pelée et hachée

½ tasse de morceaux de mangue surgelés

2/3 tasse d'eau de coco

1 cuillère à soupe de graines de chanvre crues

¾ cuillère à café de gingembre râpé

1 ½ cuillères à café de curcuma pelé et râpé

Une pincée de poivre de Cayenne

Une pincée de sel

Directions:

1. Placez tous les ingrédients dans un mélangeur et mélangez jusqu'à consistance lisse.

2. Laisser refroidir avant de servir.

<u>Information nutritionnelle:</u>Calories 259 Lipides totaux 6 g Lipides saturés 0,9 g Glucides totaux 51 g Glucides nets 40 g Protéines 7 g Sucre : 34 g Fibres : 11 g Sodium : 225 mg Potassium 1319 mg

Pain perdu à la cannelle et à la vanille

Portions : 4

Ingrédients:

½ c. cannelle

3 gros œufs

1 cuillère à café. vanille

8 tranches de pain complet

2 cuillères à soupe. Lait faible en gras

Directions:

1. Tout d'abord, préchauffez une plaque chauffante à 3500F.

2. Mélangez la vanille, les œufs, le lait et la cannelle dans un petit bol et fouettez jusqu'à consistance lisse.

3. Versez dans une assiette ou un plat allant au four à fond plat.

4. Trempez le pain dans le mélange d'œufs, retournez-le pour enrober les deux côtés et placez-le sur la plaque chauffante.

5. Cuire environ 2 minutes ou jusqu'à ce que le fond soit légèrement doré, puis retourner et cuire également l'autre côté.

<u>Information nutritionnelle:</u>Calories : 281,0, Lipides : 10,8 g, Glucides : 37,2 g, Protéines : 14,5 g, Sucres : 10 g, Sodium : 390 mg.

Délicieuse dinde

Portions : 4

Temps de cuisson : 15 minutes

Ingrédients:

1 livre de dinde hachée

½ cuillère à café de thym séché

1 cuillère à soupe d'huile de coco fondue

½ cuillère à café de cannelle moulue

Pour le haschisch :

1 oignon jaune, haché

1 cuillère à soupe d'huile de coco fondue

1 courgette, hachée

½ tasse de carottes râpées

2 tasses de courge musquée, coupée en dés

1 pomme épépinée, pelée et coupée en cubes

2 tasses de bébés épinards

1 cuillère à café de gingembre moulu

1 cuillère à café de cannelle moulue

½ cuillère à café de poudre d'ail

½ cuillère à café de poudre de curcuma

½ cuillère à café de thym séché

Directions:

1. Faites chauffer une poêle avec 1 cuillère à soupe d'huile de noix de coco à feu moyen-vif. Ajoutez la dinde, ½ cuillère à café de thym et ½ cuillère à café de cannelle moulue. Remuer et cuire 5 minutes, puis transférer dans un bol. Réchauffez la poêle avec 1 cuillère à soupe d'huile de coco à feu moyen-vif. Ajouter l'oignon, mélanger et cuire 2 minutes. Ajoutez les courgettes, les carottes, le potiron, la pomme, le gingembre, 1 cuillère à café de cannelle, ½

cuillère à café de thym, curcuma et ail en poudre. Mélanger et cuire 3-4

minutes. Remettez la viande dans la poêle, ajoutez également les pousses d'épinards. Mélangez et laissez cuire encore 1 à 2 minutes puis répartissez le tout dans les assiettes et servez au petit-déjeuner.

2. Amusez-vous !

<u>Information nutritionnelle:</u>calories 212, lipides 4, fibres 6, glucides 8,

protéines 7

Spaghetti au fromage, basilic et pesto

Portions : 2

Temps de cuisson : 35 minutes

Ingrédients:

1 tasse de courge spaghetti cuite, égouttée

Sel et poivre noir fraîchement concassé, ½ cuillère à soupe d'huile d'olive au goût

¼ tasse de ricotta, non sucrée

2 onces de mozzarella fraîche, coupée en cubes

1/8 tasse de pesto de basilic

Directions:

1. Allumez le four, puis réglez la température à 375°F et laissez-le préchauffer.

2. Pendant ce temps, prenez un bol moyen, ajoutez les spaghettis et assaisonnez de sel et de poivre noir.

3. Prenez un plat allant au four, graissez-le avec de l'huile, ajoutez le mélange de potiron, décorez de ricotta et de mozzarella et enfournez pendant 10 minutes.

minutes jusqu'à cuisson.

4. Une fois terminé, sortez le plat du four, saupoudrez de pesto et servez aussitôt.

<u>Information nutritionnelle:</u>Calories 169, matières grasses totales 11,3 g, glucides totaux 6,2 g, protéines 11,9 g, sucre 0,1 g, sodium 217 mg

Smoothie orange et pêche

Portions : 2

Ingrédients:

2 ch. pêches hachées

2 cuillères à soupe. Yaourt sans sucre

Jus de 2 oranges

Directions:

1. Commencez par retirer les pépins et la peau des pêches. Hachez et laissez quelques morceaux de pêche pour la garniture.

2. Placez la pêche hachée, le jus d'orange et le yaourt dans un mélangeur et faites couler jusqu'à consistance lisse.

3. Vous pouvez ajouter de l'eau pour diluer le smoothie si vous le souhaitez.

4. Versez dans des verres en verre et dégustez !

Information nutritionnelle:Calories : 170, Lipides : 4,5 g, Glucides : 28 g, Protéines : 7 g, Sucres : 23 g, Sodium : 101 mg

Muffins au beurre d'amande et à la banane

Portions : 6

Temps de cuisson : 30 minutes

Ingrédients:

Gruau - 1 tasse

Sel de mer - 0,25 cuillères à café

Cannelle moulue - 0,5 cuillère à café

Levure chimique - 1 cuillère à café

Beurre d'amande - 0,75 tasse

Banane écrasée - 1 tasse

Lait d'amande non sucré - 0,5 cuillères à soupe

Extrait de vanille - 2 cuillères à café

Oeufs - 2

Édulcorant aux fruits du moine Lakanto - 0,25 tasse

Directions:

1. Chauffez le four à 350 degrés Fahrenheit et tapissez un moule à muffins de caissettes en papier ou de graisse si vous préférez.

2. Dans un bol de cuisine, fouettez ensemble votre purée de banane avec le beurre d'amande, le lait d'amande non sucré, les œufs, l'extrait de vanille et l'édulcorant aux fruits de moine. Dans un autre plat allant au four, mélanger la farine d'avoine, les épices et la levure chimique. Une fois le mélange de farine complètement mélangé, versez-le dans le bol avec la purée de banane et mélangez le mélange beurre d'amande/banane et les mélanges de flocons d'avoine jusqu'à ce que le tout soit bien mélangé.

3. Répartissez la pâte à muffins sur les douze feuilles de papier, en remplissant chaque cavité à muffins aux trois quarts environ. Placez le moule à muffins banane-beurre d'amande au centre du four chaud et laissez-les cuire jusqu'à ce qu'ils soient pris et bien cuits. Ils sont réalisés une fois qu'un cure-dent a été piqué à l'intérieur et retiré proprement.

Cela devrait prendre environ vingt à vingt-cinq minutes.

4. Laissez refroidir les muffins banane-beurre d'amande avant de servir, puis dégustez.

ricotta anglaise

Portions : 1

Temps de cuisson : 0 minute ;

Ingrédients:

6 cuillères à soupe de ricotta bio

3 cuillères à soupe de graines de lin

3 cuillères à soupe d'huile de lin

2 cuillères à soupe de beurre d'amande cru bio

1 cuillère à soupe de pulpe de coco bio

1 cuillère à soupe de miel brut

¼ tasse d'eau

Directions:

1. Mélangez tous les ingrédients dans un bol. Mélanger jusqu'à ce que le tout soit bien mélangé.

2. Placer dans un bol et laisser refroidir avant de servir.

<u>Information nutritionnelle:</u>Calories 632 Lipides totaux 49 g Lipides saturés 5 g Glucides totaux 32 g Glucides nets 26 g Protéines 23 g Sucre : 22 g Fibres : 6 g Sodium : 265 mg Potassium 533 mg

Smoothie anti-inflammatoire aux épinards et aux cerises Portions : 1

Temps de cuisson : 0 minutes

Ingrédients:

1 tasse de kéfir nature

1 tasse de cerises surgelées, dénoyautées

½ tasse de pousses d'épinards

¼ tasse d'avocat mûr écrasé

1 cuillère à soupe de beurre d'amande

1 morceau de gingembre pelé (1/2 pouce)

1 cuillère à café de graines de chia

Directions:

1. Placez tous les ingrédients dans un mixeur.

2. Mélanger jusqu'à consistance lisse.

3. Laisser refroidir au réfrigérateur avant de servir.

<u>Information nutritionnelle:</u>Calories 410 Lipides totaux 20 g Lipides saturés 4 g Glucides totaux 47 g Glucides nets 37 g Protéines 17 g Sucre : 33 g Fibres : 10 g Sodium : 169 mg Potassium 1163 mg

Shakshuka épicée

Portions : 4

Temps de cuisson : 37 minutes

Ingrédients:

2 cuillères à soupe d'huile d'olive extra vierge

1 bulbe d'oignon, haché

1 jalapeño épépiné et haché

2 gousses d'ail, hachées

1 livre d'épinards

Sel et poivre noir fraîchement moulu

¾ cuillère à café de coriandre

1 cuillère à café de cumin séché

2 cuillères à soupe de pâte d'harissa

½ tasse de bouillon de légumes

8 morceaux de gros œufs

Flocons de piment rouge, pour servir

Coriandre, hachée pour servir

Persil haché pour servir

Directions:

1. Préchauffer le four à 350 °F.

2. Faites chauffer l'huile dans une poêle allant au four à feu moyen. Ajouter l'oignon et faire revenir 5 minutes.

3. Ajoutez le jalapeño et l'ail et faites sauter pendant une minute ou jusqu'à ce qu'ils soient parfumés. Ajouter les épinards et cuire 5 minutes ou jusqu'à ce que les feuilles fanent complètement.

4. Assaisonnez le mélange avec du sel et du poivre, de la coriandre, du cumin et de l'harissa. Cuire encore 1 minute.

5. Transférez le mélange dans votre robot culinaire : réduisez en purée jusqu'à consistance épaisse. Versez le bouillon et mélangez encore jusqu'à obtenir une consistance lisse.

6. Nettoyez et graissez la même poêle avec un aérosol de cuisson antiadhésif.

Versez le mélange en purée. A l'aide d'une cuillère en bois, réalisez huit puits circulaires.

7. Cassez délicatement chaque œuf dans les puits. Mettez la casserole au four—

Cuire au four pendant 25 minutes ou pocher les œufs jusqu'à ce qu'ils soient complètement pris.

8. Pour servir, saupoudrez la shakshuka de flocons de piment, de coriandre et de persil au goût.

<u>Information nutritionnelle:</u>Calories 251 Lipides : 8,3 g Protéines : 12,5 g Sodium : 165 mg Glucides totaux : 33,6 g

Lait doré 5 minutes

Portions : 1

Temps de cuisson : 5 minutes

Ingrédients:

1 1/2 tasse de lait de coco léger

1 1/2 tasse de lait d'amande non sucré

1 1/2 cuillères à café de curcuma moulu

1/4 cuillère à café de gingembre moulu

1 bâton de cannelle entier

1 cuillère à soupe d'huile de coco

1 pincée de poivre noir moulu

Édulcorant de votre choix (c'est-à-dire sucre de coco, sirop d'érable ou stevia au goût)

Directions:

1. Ajoutez le lait de coco, le curcuma moulu, le lait d'amande, le gingembre moulu, le bâton de cannelle, l'huile de coco, le poivre noir et votre édulcorant préféré dans une petite casserole.

2. Fouetter pour mélanger à feu moyen et réchauffer. Chauffer au toucher jusqu'à ce qu'il soit chaud mais pas bouillant - environ 4 minutes - en fouettant régulièrement.

3. Éteignez le feu et goûtez pour changer la saveur. Pour les épices fortes +

assaisonnez, ajoutez plus d'édulcorant au goût, ou plus de curcuma ou de gingembre.

4. Servir aussitôt, casser entre deux verres et laisser le bâton de cannelle derrière. Le frais est meilleur, même si les restes peuvent être conservés pendant 2 à 3 jours au réfrigérateur. Chauffer à température sur la cuisinière ou au micro-ondes.

Information nutritionnelle:Calories 205 Lipides : 19,5 g Sodium : 161 mg Glucides : 8,9 g Fibres : 1,1 g Protéines : 3,2 g

Gruau simple pour le petit-déjeuner

Portions : 1

Temps de cuisson : 8 minutes

Ingrédients:

2/3 tasse de lait de coco

1 blanc d'œuf élevé en pâturage

½ tasse de flocons d'avoine à cuisson rapide sans gluten

½ cuillère à café de poudre de curcuma

½ cuillère à café de cannelle

¼ cuillère à café de gingembre

Directions:

1. Mettez le lait végétal dans une casserole et faites chauffer à feu moyen.

2. Ajoutez le blanc d'œuf et continuez de battre jusqu'à consistance lisse.

3. Ajoutez le reste des ingrédients et laissez cuire encore 3 minutes.

<u>Information nutritionnelle:</u>Calories 395 Lipides totaux 34 g Lipides saturés 7 g Glucides totaux 19 g Glucides nets 16 g Protéines 10 g Sucre : 2 g Fibres : 3 g Sodium : 76 mg Potassium 459 mg

Beignets protéinés au curcuma

Portions : 8

Temps de cuisson : 0 minutes

Ingrédients:

1 ½ tasse de noix de cajou crues

½ tasse de dattes Medjool, dénoyautées

1 cuillère à soupe de poudre de protéine de vanille

½ tasse de noix de coco râpée

2 cuillères à soupe de sirop d'érable

¼ cuillère à café d'extrait de vanille

1 cuillère à café de poudre de curcuma

¼ tasse de chocolat noir

Directions:

1. Mélanger tous les ingrédients sauf le chocolat dans un robot culinaire.

2. Mélanger jusqu'à consistance lisse.

3. Roulez la pâte en 8 boules et pressez-les dans un moule à beignets en silicone.

4. Placer au congélateur pendant 30 minutes pour prendre.

5. Pendant ce temps, réalisez l'enrobage chocolaté en faisant fondre le chocolat au bain-marie.

6. Une fois les beignets pris, retirez-les du moule et arrosez de chocolat.

<u>Information nutritionnelle:</u>Calories 320 Lipides totaux 26 g Lipides saturés 5 g Glucides totaux 20 g Glucides nets 18 g Protéines 7 g Sucre : 9 g Fibres : 2 g Sodium : 163

mg Potassium 297 mg

Omelette au cheddar et au chou frisé

Portions : 6

Ingrédients:

1/3 c. échalote tranchée

¼ c. Poivre

1 poivron rouge coupé en dés

¾ c. lait écrémé

1 c. fromage cheddar fort faible en gras, râpé

1 cuillère à café. huile d'olive

5 onces. chou frisé et épinards

12 œufs

Directions:

1. Préchauffer le four à 375°F.

2. Graisser un plat allant au four en verre avec de l'huile d'olive.

3. Dans un bol, bien battre tous les ingrédients sauf le fromage.

4. Versez le mélange d'œufs dans le plat préparé et laissez cuire 35 minutes.

5. Retirer du four, saupoudrer de fromage et faire griller pendant 5 minutes.

minutes.

6. Sortez du four et laissez reposer 10 minutes.

7. Coupez et dégustez.

Information nutritionnelle:Calories : 198, Lipides : 11,0 g, Glucides : 5,7 g, Protéines : 18,7

g, Sucres : 1 g, Sodium : 209 mg.

Omelette méditerranéenne

Portions : 6

Temps de cuisson : 20 minutes

Ingrédients:

Oeufs, six

Feta, émiettée, un quart de tasse

Poivre noir, un quart de cuillère à café

Huile, spray ou olive

Origan, une cuillère à café

Lait, amande ou noix de coco, un quart de tasse

Sel de mer, une cuillère à café

Olives noires, hachées, un quart de tasse

Olives vertes hachées, un quart de tasse

Tomates, coupées en dés, un quart de tasse

Directions:

1. Chauffer le four à 400°. Beurrer un plat allant au four de huit x huit pouces.

Mélangez le lait avec les œufs, puis ajoutez les autres ingrédients. Versez tout ce mélange dans le moule et enfournez pour une vingtaine de minutes.

Information nutritionnelle:Calories 107 sucres 2 grammes de matières grasses 7 grammes de glucides 3

grammes de protéines 7 grammes

Sarrasin Cannelle Gingembre Portions

Portions : 5

Temps de cuisson : 40 minutes

Ingrédients:

¼ tasse de graines de chia

½ tasse de flocons de noix de coco

1 ½ tasse de noix crues mélangées

2 tasses de flocons d'avoine sans gluten

1 tasse de gruau de sarrasin

2 cuillères à soupe de beurre de noix

4 cuillères à soupe d'huile de coco

1 tasse de graines de tournesol

½ tasse de graines de citrouille

1 ½ à 2 pouces de gingembre

1 cuillère à café de cannelle moulue

1/3 tasse de sirop de malt de riz

4 cuillères à soupe de cacao brut en poudre - Facultatif

Directions:

1. Préchauffer le four à 180°C

2. Mélangez les noix au robot culinaire et mélangez rapidement pour les hacher grossièrement. Placez les noix hachées dans un bol et ajoutez tous les autres ingrédients secs qui se mélangent bien : flocons d'avoine, noix de coco, cannelle, sarrasin, graines et sel dans une casserole à feu doux, faites fondre délicatement l'huile de coco.

3. Ajoutez la poudre de cacao (le cas échéant) au mélange humide et mélangez. Placez la pâte humide sur le mélange sec, puis mélangez bien pour être sûr que le tout soit bien enrobé. Déplacez le mélange sur une grande plaque à pâtisserie recouverte de papier ciré graissé ou d'huile de noix de coco. Assurez-vous de répartir le mélange uniformément pendant 35 à 40 minutes, en retournant le mélange à mi-cuisson. Cuire jusqu'à ce que le granola soit frais et doré !

4. Servir avec votre lait de noix préféré, une cuillerée de yaourt à la noix de coco, des fruits frais et des superaliments : baies de goji, graines de lin, pollen d'abeille, tout ce que vous aimez ! Mélangez-le tous les jours.

Information nutritionnelle:Calories 220 Glucides : 38 g Lipides : 5 g Protéines : 7 g

Crêpes à la coriandre

Portions : 6

Temps de cuisson : 6-8 minutes

Ingrédients:

½ tasse de farine de tapioca

½ tasse de farine d'amande

½ cuillère à café de poudre de chili

¼ cuillère à café de curcuma moulu

Sel et poivre noir fraîchement moulu, au goût 1 tasse de lait de coco entier

½ oignon rouge haché

1 morceau (½ pouce) de gingembre frais, finement râpé 1 piment serrano, haché

½ tasse de coriandre fraîche, hachée

Huile au besoin

Directions:

1. Dans un grand bol, mélanger les farines et les épices.

2. Ajoutez le lait de coco et mélangez jusqu'à consistance lisse.

3. Incorporer l'oignon, le gingembre, le piment serrano et la coriandre.

4. Graisser légèrement une grande poêle antiadhésive avec de l'huile et chauffer à feu moyen-doux.

5. Ajoutez environ ¼ tasse du mélange et inclinez la poêle pour la répartir uniformément dans la poêle.

6. Cuire environ 3 à 4 minutes des deux côtés.

7. Répétez avec tout le mélange restant.

8. Servir avec la vinaigrette désirée.

<u>Information nutritionnelle:</u>Calories : 331, Lipides : 10 g, Glucides : 37 g, Fibres : 6 g, Protéines : 28 g

Smoothie pamplemousse et framboise Portions : 1

Temps de cuisson : 0 minutes

Ingrédients:

Jus de 1 pamplemousse fraîchement pressé

1 banane, pelée et tranchée

1 tasse de framboises

Directions:

1. Placez tous les ingrédients dans un mélangeur et mélangez jusqu'à consistance lisse.

2. Laisser refroidir avant de servir.

Information nutritionnelle:Calories 381 Lipides totaux 0,8 g Lipides saturés 0,1 g Glucides totaux 96 g Glucides nets 85 g Protéines 4 g Sucre : 61 g Fibres : 11 g Sodium : 11 mg Potassium 848 mg

Portions de granola au beurre de cacahuète

Portions : 8

Temps de cuisson : 25 minutes

Ingrédients:

Flocons d'avoine - 2 tasses

Cannelle - 0,5 cuillère à café

Beurre de cacahuète, naturel avec sel - 0,5 tasse

Pâte de dattes - 1,5 cuillères à soupe

Pépites de chocolat noir Lily's - 0,5 tasse

Directions:

1. Chauffez le four à 300 degrés Fahrenheit et tapissez une plaque à pâtisserie de papier sulfurisé ou d'un tapis de cuisson en silicone.

2. Dans un bol, fouettez ensemble la pâte de dattes, la cannelle et le beurre de cacahuète, puis ajoutez les flocons d'avoine en remuant jusqu'à ce que les flocons d'avoine soient complètement enrobés. Étalez uniformément ce mélange sucré et épicé sur la plaque à pâtisserie en une fine couche.

3. Placez le granola au beurre de cacahuète au four et faites cuire au four pendant vingt minutes, en remuant bien à mi-cuisson pour éviter une cuisson inégale et des brûlures.

4. Sortez le granola du four et laissez-le refroidir à température ambiante avant d'ajouter les pépites de chocolat. Transférez le granola au beurre de cacahuète dans un récipient hermétique pour le conserver jusqu'au moment de l'utiliser.

Œufs brouillés au four avec curcuma Portions : 6

Temps de cuisson : 15 minutes

Ingrédients:

8 à 10 gros œufs élevés au pâturage

½ tasse de lait d'amande ou de coco non sucré

½ cuillère à café de poudre de curcuma

1 cuillère à café de coriandre hachée

¼ cuillère à café de poivre noir

Une pincée de sel

Directions:

1. Préchauffer le four à 3500F.

2. Beurrer une casserole ou un plat allant au four.

3. Dans un bol, fouettez l'œuf, le lait, la poudre de curcuma, le poivre noir et le sel.

4. Versez le mélange d'œufs dans la poêle.

5. Mettre au four et cuire au four pendant 15 minutes ou jusqu'à ce que les œufs soient pris.

6. Sortir du four et garnir de coriandre hachée.

<u>Information nutritionnelle:</u>Calories 203 Lipides totaux 16 g Lipides saturés 4 g Glucides totaux 5 g Glucides nets 4 g Protéines 10 g Sucre : 4 g Fibres : 1 g Sodium : 303

mg Potassium 321 mg

Portions du petit-déjeuner au son de chia et à l'avoine : Portions : 2

Ingrédients:

85 g d'amandes grillées hachées

340 g de lait de coco

30 g de cassonade

2½ g de zeste d'orange

30 g de mélange de graines de lin

170 g de flocons d'avoine

340 g de myrtilles

30 g de graines de chia

2½ g de cannelle

Directions:

1. Ajoutez tous les ingrédients humides et mélangez le sucre et le lait avec le zeste d'orange.

2. Ajoutez la cannelle et mélangez bien. Une fois que vous êtes sûr que le sucre n'est pas grumeleux, ajoutez les flocons d'avoine, les graines de lin et le chia et laissez reposer une minute.

3. Prenez deux bols ou bocaux en verre et versez-y le mélange. Complétez avec des amandes grillées et conservez au réfrigérateur.

4. Sortez-le le matin et dégustez !

Information nutritionnelle:Calories : 353, Lipides : 8 g, Glucides : 55 g, Protéines : 15 g, Sucres : 9,9 g, Sodium : 96 mg

Muffins à la rhubarbe, aux pommes et au gingembre

Portions : 8

Temps de cuisson : 30 minutes

Ingrédients:

1/2 cuillère à café de cannelle moulue

1/2 cuillère à café de gingembre moulu

une pincée de sel

1/2 tasse de farine d'amande (amandes hachées)

1/4 tasse de sucre brut non raffiné

2 cuillères à soupe de gingembre confit finement haché

1 cuillère à soupe de farine de lin moulue

1/2 tasse de farine de sarrasin

1/4 tasse de farine de riz brun fine

60 ml d'huile d'olive

1 gros œuf fermier

1 cuillère à café d'extrait de vanille

2 cuillères à soupe de farine de maïs biologique ou de vraie marante 2 cuillères à café de levure chimique sans gluten

1 tasse de rhubarbe, finement tranchée

1 petite pomme, pelée et coupée en dés

95 ml (1/3 tasse + 1 cuillère à soupe) de lait de riz ou d'amande<u>Directions:</u>

1. Préchauffer le four à 180°C/350°C. Beurrer ou tapisser des moules à muffins de 8 1/3 tasses (80 ml) d'un couvercle en papier.

2. Dans un bol moyen, mettre la farine d'amande, le gingembre, le sucre et les graines de lin. Tamisez la levure, les farines et les épices puis mélangez uniformément. Dans le mélange de farine, incorporer la rhubarbe et la pomme pour bien enrober.

3. Fouettez le lait, le sucre, l'œuf et la vanille dans un autre bol plus petit avant de verser dans le mélange sec et de mélanger jusqu'à ce que le tout soit bien mélangé.

4. Répartissez la pâte uniformément sur les plaques à pâtisserie/récipients en papier et faites cuire au four pendant 20 minutes à 25 minutes ou jusqu'à ce qu'elle soit levée et dorée sur les bords.

5. Retirez, puis laissez reposer 5 minutes avant de transférer sur une grille pour refroidir davantage.

6. Mangez tiède ou à température ambiante.

<u>Information nutritionnelle:</u>Calories 38 Glucides : 9 g Lipides : 0 g Protéines : 0 g

Céréales et fruits pour le petit-déjeuner

Portions : 6

Ingrédients:

1 c. raisins secs

¾ c. riz brun à cuisson rapide

1 pomme Granny Smith

1 orange

8 onces. yaourt à la vanille faible en gras

3 ch. cascade

¾ c. boulgour

1 délicieuse pomme rouge

Directions:

1. Placez une grande casserole sur feu vif et portez l'eau à ébullition.

2. Ajoutez le boulgour et le riz. Réduire le feu à ébullition et cuire à couvert pendant dix minutes.

3. Éteignez le feu et laissez reposer 2 minutes à couvert.

4. Sur une plaque à pâtisserie, transférer et répartir uniformément les céréales pour qu'elles refroidissent.

5. Pendant ce temps, épluchez les oranges et coupez-les en quartiers. Coupez et épépinez les pommes.

6. Une fois les céréales refroidies, transférez-les dans un grand bol de service avec les fruits.

7. Ajoutez le yaourt et mélangez bien pour enrober.

8. Servez et dégustez.

Information nutritionnelle:Calories : 121, Lipides : 1 g, Glucides : 24,2 g, Protéines : 3,8 g, Sucres : 4,2 g, Sodium : 500 mg

Bruschetta aux tomates et basilic

Portions : 8

Ingrédients:

½ c. basilic haché

2 gousses d'ail émincées

1 cuillère à soupe. vinaigre balsamique

2 cuillères à soupe. Huile d'olive

½ c. poivre noir concassé

1 baguette complète tranchée

8 tomates Roma mûres coupées en dés

1 cuillère à café. sel de mer

Directions:

1. Tout d'abord, préchauffez le four à 375 F.

2. Dans un bol, coupez les tomates en dés, mélangez le vinaigre balsamique, le basilic haché, l'ail, le sel, le poivre et l'huile d'olive et réservez.

3. Coupez la baguette en 16 à 18 tranches et placez-la sur une plaque à pâtisserie et faites-la cuire au four pendant environ 10 minutes.

4. Servir avec des tranches de pain chaud et déguster.

5. Pour les restes, conserver dans un contenant hermétique et réfrigérer.

Essayez de les mettre sur du poulet grillé, c'est incroyable !

Information nutritionnelle:Calories : 57, Lipides : 2,5 g, Glucides : 7,9 g, Protéines : 1,4 g, Sucres : 0,2 g, Sodium : 261 mg

Crêpes à la cannelle et à la noix de coco

Portions : 2

Temps de cuisson : 18 minutes

Ingrédients:

2 oeufs bio

1 cuillère à soupe de farine d'amande

2 onces de fromage à la crème

¼ tasse de noix de coco râpée et plus pour la garniture ½ cuillère à soupe d'érythritol

1/8 cuillère à café de sel

1 cuillère à café de cannelle

4 cuillères à soupe de stévia

½ cuillère à soupe d'huile d'olive

Directions:

1. Cassez les œufs dans un bol, battez jusqu'à ce qu'ils soient tendres, puis incorporez la farine et le fromage à la crème jusqu'à consistance lisse.

2. Ajoutez le reste des ingrédients, puis mélangez jusqu'à ce que le tout soit bien mélangé.

3. Prenez une poêle, placez-la sur feu moyen, graissez-la avec de l'huile, puis versez la moitié de la pâte et laissez cuire 3-4 minutes de chaque côté jusqu'à ce que la crêpe soit bien cuite et dorée.

4. Transférez la crêpe dans une assiette et faites cuire une autre crêpe de la même manière avec le reste de la pâte.

5. Saupoudrez de noix de coco sur les crêpes cuites et servez.

<u>Information nutritionnelle:</u>Calories 575, matières grasses totales 51 g, glucides totaux 3,5 g, protéines 19 g

Gruau aux noisettes, myrtilles et bananes : Portions : 6

Temps de cuisson : 2 heures

Ingrédients:

1/4 tasse d'amandes (grillées)

1/4 tasse de noix

1/4 tasse de pacanes

2 cuillères à soupe de graines de lin moulues

1 cuillère à café de gingembre moulu

1 cuillère à café de cannelle

1/4 cuillère à café de sel marin

2 cuillères à soupe de sucre de coco

½ cuillère à café de levure chimique

2 tasses de lait

2 bananes

1 tasse de bleuets frais

1 cuillère à soupe de sirop d'érable

1 cuillère à café d'extrait de vanille

1 cuillère à soupe de beurre fondu

Yaourt à servir

Directions:

1. Dans un grand bol, ajoutez les noix, les graines de lin, la levure chimique, les épices et le sucre de coco et mélangez.

2. Dans un autre bol, battre les œufs, le lait, le sirop d'érable et l'extrait de vanille.

3. Coupez les bananes en deux et superposez-les dans la mijoteuse avec les myrtilles.

4. Ajoutez le mélange d'avoine et versez le mélange de lait dessus.

5. Assaisonner de beurre fondu,

6. Faites cuire la mijoteuse à feu doux pendant 4 heures ou à feu vif pendant 4 heures. Cuire jusqu'à ce que le liquide soit absorbé et que les flocons d'avoine soient dorés.

7. Servir chaud et garnir de yaourt grec naturel.

<u>Information nutritionnelle:</u>Calories 346 mg Lipides totaux : 15 g Glucides : 45 g Protéines : 11 g Sucres : 17 g Fibres 7 g Sodium : 145 mg Cholestérol : 39 mg

<u>Information nutritionnelle:</u>Calories 346 mg Lipides totaux : 15 g Glucides : 45 g Protéines : 11 g Sucres : 17 g Fibres 7 g Sodium : 145 mg Cholestérol : 39 mg

Toasts aux œufs pochés et au saumon

Portions : 2

Temps de cuisson : 4 minutes

Ingrédients:

Pain, deux tranches de seigle ou de jus de citron complet grillé, un quart de cuillère à café

Avocat, deux cuillères à soupe de purée

Poivre noir, un quart de cuillère à café

Oeufs, deux pochés

Saumon, fumé, quatre onces

Échalote, une cuillère à soupe tranchée finement

Sel, un huitième de cuillère à café

Directions:

1. Ajoutez le jus de citron à l'avocat avec du poivre et du sel. Étalez l'avocat mélangé sur les tranches de pain grillées. Déposer le saumon fumé sur les toasts et garnir d'un œuf poché. Complétez avec l'échalote tranchée.

<u>Information nutritionnelle:</u>Calories 389 lipides 17,2 grammes de protéines 33,5 grammes de glucides 31,5 grammes de sucre 1,3 grammes de fibres 9,3 grammes

Pudding aux graines de chia et cannelle

Portions : 2

Temps de cuisson : 0 minutes

Ingrédients:

Graines de chia, quatre cuillères à soupe

Beurre d'amande, une cuillère à soupe

Lait de coco, trois quarts de tasse

Cannelle, une cuillère à café

Vanille, une cuillère à café

Café glacé, trois quarts de tasse

Directions:

1. Mélangez bien toutes les attaches et versez-les dans un récipient allant au réfrigérateur. Couvrir hermétiquement et laisser au réfrigérateur toute la nuit.

Information nutritionnelle:Calories 282 glucides 5 grammes de protéines 5,9 grammes de lipides 24 grammes

Oeufs et fromage

Portions : 1

Ingrédients:

¼ c. Tomate hachée

1 blanc d'oeuf

1 oignon vert haché

2 cuillères à soupe. Lait écrémé

1 tranche de pain complet

1 oeuf

½ once. fromage cheddar allégé, râpé

Directions:

1. Mélangez l'œuf et les blancs d'œufs dans un bol et ajoutez le lait.

2. Remuez le mélange dans une poêle antiadhésive jusqu'à ce que les œufs soient cuits.

3. Pendant ce temps, faites griller le pain.

4. Versez le mélange d'œufs brouillés sur le pain grillé et recouvrez de fromage jusqu'à ce qu'il soit fondu.

5. Ajoutez l'oignon et la tomate.

Information nutritionnelle:Calories : 251, Lipides : 11,0 g, Glucides : 22,3 g, Protéines : 16,9

g, Sucres : 1,8 g, Sodium : 451 mg

Pommes de terre rissolées tex-mex

Portions : 4

Temps de cuisson : 30 minutes

Ingrédients:

1 ½ livre de pommes de terre, coupées en cubes

1 cuillère à soupe d'huile d'olive

Poivrer au besoin

1 oignon, haché

1 poivron rouge, haché

1 piment jalapeno, coupé en rondelles

1 cuillère à café d'huile

½ cuillère à café de cumin moulu

½ cuillère à café de mélange d'assaisonnement pour tacos

Directions:

1. Préchauffer la friteuse à air à 320 degrés F.

2. Mélangez les pommes de terre dans 1 cuillère à soupe d'huile.

3. Assaisonner de poivre.

4. Transférer dans le panier de la friteuse à air.

5. Faites frire à l'air libre pendant 20 minutes, en secouant deux fois pendant la cuisson.

6. Mélangez le reste des ingrédients dans un bol.

7. Ajoutez à la friteuse à air.

8. Mélangez bien.

9. Cuire à 356 degrés F pendant 10 minutes.

Shirataki à l'avocat et à la crème

Portions : 2

Temps de cuisson : 6 minutes

Ingrédients:

½ paquet de nouilles shirataki, cuites

½ avocat

½ cuillère à café de poivre noir concassé

½ cuillère à café de sel

½ cuillère à café de basilic séché

1/8 tasse de crème épaisse

Directions:

1. Placer une casserole moyenne à moitié pleine d'eau sur feu moyen, porter à ébullition, puis ajouter les nouilles et cuire 2 minutes.

2. Ensuite, égouttez les nouilles et réservez jusqu'à ce que vous en ayez besoin.

3. Placez l'avocat dans un bol, écrasez-le avec une fourchette. 4. Écrasez l'avocat dans un bol, transférez-le dans un mixeur, ajoutez le reste des ingrédients et mélangez jusqu'à consistance lisse.

5. Prenez une casserole, placez-la sur feu moyen et lorsqu'elle est chaude, ajoutez les tagliatelles, versez le mélange d'avocats, mélangez bien et laissez cuire 2

minutes jusqu'à ce qu'il soit chaud.

6. Servir immédiatement.

Information nutritionnelle:Calories 131, matières grasses totales 12,6 g, glucides totaux 4,9 g, protéines 1,2 g, sucre 0,3 g, sodium 588 mg

De délicieuses portions de porridge

Portions : 2

Temps de cuisson : 30 minutes

Ingrédients:

½ tasse d'eau

1 tasse de lait d'amande, non sucré

½ tasse d'amarante

1 poire pelée et coupée en cubes

½ cuillère à café de cannelle moulue

¼ cuillère à café de gingembre frais râpé

Une pincée de muscade en poudre

1 cuillère à café de sirop d'érable

2 cuillères à soupe de noix de pécan hachées

Directions:

1. Mettez l'eau et le lait d'amande dans une casserole, portez à ébullition sur feu moyen, ajoutez l'amarante, mélangez et laissez cuire 20 minutes.

Ajoutez la poire, la cannelle, le gingembre, la muscade et le sirop d'érable et mélangez.

Laisser mijoter encore 10 minutes, répartir dans les bols et servir avec des pacanes saupoudrées dessus.

2. Amusez-vous !

<u>Information nutritionnelle:</u>calories 199, lipides 9, fibres 4, glucides 25, protéines 3

Crêpes à la farine d'amande et au fromage à la crème

Portions : 2

Temps de cuisson : 18 minutes

Ingrédients:

½ tasse de farine d'amande

1 cuillère à café d'érythritol

½ cuillère à café de cannelle

2 onces de fromage à la crème

2 oeufs bio

1 cuillère à soupe de beurre non salé

Directions:

1. Préparez la pâte à crêpes, et pour cela, mettez la farine dans un mixeur, ajoutez le reste des ingrédients et mixez 2 minutes jusqu'à obtenir une consistance lisse.

2. Versez la pâte dans un bol et laissez reposer 3 minutes.

3. Prenez ensuite une grande poêle, mettez-la sur feu moyen, ajoutez le beurre et lorsqu'il est fondu, versez-y ¼ de la pâte à crêpes préparée.

4. Répartir uniformément la pâte dans la poêle, cuire 2 minutes de chaque côté jusqu'à ce qu'elle soit dorée puis transférer la crêpe dans une assiette.

5. Faites cuire trois autres crêpes de la même manière avec le reste de la pâte et, une fois cuites, servez les crêpes avec vos baies préférées.

<u>Information nutritionnelle:</u>Calories 170, matières grasses totales 14,3 g, glucides totaux 4,3, protéines 6,9 g, sucre 0,2 g, sodium 81 mg

Muffins au fromage, graines de lin et graines de chanvre Portions : 2

Temps de cuisson : 30 minutes

Ingrédients:

1/8 tasse de farine de graines de lin

¼ tasse de graines de chanvre crues

¼ tasse de farine d'amande

Sel au goût

¼ cuillère à café de levure chimique

3 œufs bio, battus

1/8 tasse de flocons de levure nutritionnelle

¼ tasse de fromage cottage, faible en gras

¼ tasse de parmesan râpé

¼ tasse d'échalotes, tranchées finement

1 cuillère à soupe d'huile d'olive

Directions:

1. Allumez le four, puis réglez-le à 360°F et laissez-le préchauffer.

2. Pendant ce temps, prenez deux moules, graissez-les avec de l'huile et réservez jusqu'à ce que vous en ayez besoin.

3. Prenez un bol moyen, ajoutez les graines de lin, les graines de chanvre et la farine d'amande, puis ajoutez le sel et la levure chimique jusqu'à consistance lisse.

4. Cassez les œufs dans un autre bol, ajoutez la levure chimique, la ricotta et le parmesan, mélangez bien jusqu'à ce que le tout soit bien mélangé, puis incorporez le mélange au mélange de farine d'amande jusqu'à ce qu'il soit incorporé.

5. Incorporez les échalotes, puis répartissez le mélange dans les moules préparés et faites cuire au four pendant 30 minutes jusqu'à ce que les muffins soient fermes et que le dessus soit doré.

6. Une fois terminé, démoulez les muffins et laissez-les refroidir complètement sur une grille.

7. Pour préparer les repas, enveloppez chaque muffin dans une serviette en papier et conservez-le au réfrigérateur jusqu'à trente-quatre jours.

8. Au moment de manger, réchauffez les muffins au micro-ondes jusqu'à ce qu'ils soient chauds, puis servez.

<u>Information nutritionnelle:</u>Calories 179, matières grasses totales 10,9 g, glucides totaux 6,9 g, protéines 15,4 g, sucre 2,3 g, sodium 311 mg

Gaufres de chou-fleur au fromage et à la ciboulette

Portions : 2

Temps de cuisson : 15 minutes

Ingrédients:

1 tasse de fleurons de chou-fleur

1 cuillère à soupe de ciboulette hachée

½ cuillère à café de poivre noir concassé

1 cuillère à café de poudre d'oignon

1 cuillère à café de poudre d'ail

1 tasse de mozzarella râpée

½ tasse de parmesan râpé

2 œufs bio, battus

1 cuillère à soupe d'huile d'olive

Directions:

1. Allumez le gaufrier, graissez-le avec de l'huile et laissez-le préchauffer.

2. Pendant ce temps, préparez la pâte à gaufres et pour cela, mettez tous ses ingrédients dans un bol et mélangez jusqu'à ce que le tout soit bien mélangé.

3. Versez la moitié de la pâte dans le gaufrier chaud, fermez-le avec le couvercle et laissez cuire jusqu'à ce qu'il soit doré.

4. Sortez la gaufre et faites cuire une autre gaufre de la même manière avec le reste de la pâte.

5. Pour préparer les repas, placez les gaufres dans un contenant hermétique, séparez les gaufres avec du papier ciré et conservez-les jusqu'à quatre jours.

Information nutritionnelle:Calories 149, matières grasses totales 8,5 g, glucides totaux 6,1 g, protéines 13,3 g, sucre 2,3 g, sodium 228 mg

Sandwich du petit-déjeuner

Portions : 1

Temps de cuisson : 7 minutes

Ingrédients:

1 petit déjeuner glacé

Directions:

1. Faites frire le sandwich à 340 degrés F pendant 7 minutes.

Muffins végétariens salés

Portions : 5

Temps de cuisson : 18-23 minutes

Ingrédients:

¾ tasse de farine d'amande

½ cuillère à café de bicarbonate de soude

¼ tasse de poudre de concentré de protéines de lactosérum

2 cuillères à café d'aneth frais, haché

Sel au goût

4 gros œufs bio

1 ½ cuillères à soupe de levure nutritionnelle

2 cuillères à café de vinaigre de cidre de pomme

3 cuillères à soupe de jus de citron frais

2 cuillères à soupe d'huile de coco fondue

1 tasse de beurre de coco, ramolli

1 botte d'échalote, hachée

2 carottes moyennes, pelées et râpées

½ tasse de persil frais haché

Directions:

1. Préchauffer le four à 350 degrés F. Beurrer 10 tasses de votre grand moule à muffins.

2. Dans un grand bol, mélanger la farine, le bicarbonate de soude, la poudre de protéines et le sel.

3. Dans un autre bol, ajoutez les œufs, la levure nutritionnelle, le vinaigre, le jus de citron et l'huile et battez jusqu'à ce que le tout soit bien mélangé.

4. Ajoutez le beurre de coco et battez jusqu'à consistance lisse.

5. Ajoutez le mélange d'œufs au mélange de farine et mélangez jusqu'à ce que le tout soit bien mélangé.

6. Incorporez les échalotes, les Dollys et le persil.

7. Répartir le mélange uniformément dans les moules à muffins préparés.

8. Cuire au four environ 18 à 23 minutes ou jusqu'à ce qu'un cure-dent inséré au centre en ressorte propre.

<u>Information nutritionnelle:</u>Calories : 378, Lipides : 13 g, Glucides : 32 g,

Fibres : 11 g, Protéines : 32 g

Crêpes aux courgettes

Portions : 8

Temps de cuisson : 6-10 minutes

Ingrédients:

1 tasse de farine de pois chiches

1 1/2 tasse d'eau, divisée

¼ cuillère à café de graines de cumin

¼ cuillère à café de poivre de Cayenne

¼ cuillère à café de curcuma moulu

Sel au goût

½ tasse de courgettes, hachées

½ tasse d'oignon rouge, finement haché

1 piment vert épépiné et finement haché

¼ tasse de coriandre fraîche, hachée

Directions:

1. Dans un grand bol, ajoutez la farine et ¾ tasse d'eau et battez jusqu'à consistance lisse.

2. Ajoutez le reste de l'eau et battez jusqu'à consistance lisse. 3. Ajoutez l'oignon, le gingembre, le piment serrano et la coriandre.

4. Graisser légèrement une poêle antiadhésive avec de l'huile et chauffer à feu moyen-doux.

5. Ajoutez environ ¼ tasse du mélange et inclinez la poêle pour la répartir uniformément dans la poêle.

6. Cuire environ 4 à 6 minutes.

7. Avec précaution, changez de côté et faites cuire environ 2 à 4 minutes.

8. Répétez en utilisant le reste du mélange.

9. Servir avec la garniture désirée.

Information nutritionnelle:Calories : 389, Lipides : 13 g, Glucides : 25 g, Fibres : 4 g, Protéines : 21 g

Burger à l'oeuf et à l'avocat

Portions : 1

Temps de cuisson : 5 minutes

Ingrédients:

1 avocat mûr

1 œuf, élevé au pâturage

1 tranche d'oignon rouge

1 tranche de tomate

1 feuille de laitue

Graines de sésame pour la garniture

Sel au goût

Directions:

1. Épluchez l'avocat et retirez le noyau. Coupez l'avocat en deux. Cela servira de sandwich. Mettre à part.

2. Beurrer une poêle à feu moyen et faire revenir l'œuf pendant 5 minutes ou jusqu'à ce qu'il soit pris.

3. Assemblez le burger du petit-déjeuner en le plaçant sur une moitié d'avocat avec l'œuf, l'oignon rouge, la tomate et la feuille de laitue.

4. Garnir du reste du sandwich à l'avocat.

5. Garnir de graines de sésame et assaisonner de sel au goût.

<u>Information nutritionnelle:</u>Calories 458 Lipides totaux 39 g Lipides saturés 4 g Glucides totaux 20 g Glucides nets 6 g, Protéines 13 g Sucre : 8 g Fibres : 14 g Sodium : 118 mg Potassium 1184 mg

Des épinards savoureux et crémeux

Portions : 2

Temps de cuisson : 12 minutes

Ingrédients:

½ tasse de farine d'amande

½ cuillère à café de poudre d'ail

½ cuillère à café de sel

1 œuf bio

1 ½ cuillères à soupe de crème fouettée

¼ tasse de fromage feta, émietté

½ cuillère à soupe d'huile d'olive

Directions:

1. Allumez le four, puis réglez la température à 350°F et laissez-le préchauffer.

2. Pendant ce temps, préparez la pâte à biscuit, et pour cela, mettez tous les ingrédients dans un mixeur puis mixez pendant 2 minutes jusqu'à obtenir une consistance lisse.

3. Préparez les biscuits et pour cela, déposez la pâte préparée sur un espace de travail puis façonnez-la en boules de 1 pouce.

4. Prenez une plaque à pâtisserie, graissez-la avec de l'huile, puis disposez les biscuits dessus, à une certaine distance les uns des autres, et enfournez pendant 12 minutes jusqu'à ce qu'ils soient cuits et dorés.

5. Une fois prêts, laissez les biscuits refroidir dans le moule pendant 5 minutes, puis transférez-les sur une grille pour qu'ils refroidissent complètement puis servez.

<u>Information nutritionnelle:</u>Calories 294, matières grasses totales 24 g, glucides totaux 7,8 g, protéines 12,2 g, sucre 1,1 g, sodium 840 mg

Gruau spécial à la cannelle et aux pommes

Portions : 2

Ingrédients:

1 pomme coupée en dés

2 cuillères à soupe. Graines de Chia

½ cuillère à soupe. poudre de cannelle

½ c. extrait de vanille pur

1¼ c. lait écrémé

Sel casher

1 c. flocons d'avoine à l'ancienne

2 cuillères à café. Chéri

Directions:

1. Répartissez les flocons d'avoine, les graines de chia ou les graines de lin moulues, le lait, la cannelle, le miel ou le sirop d'érable, l'extrait de vanille et le sel entre deux bocaux en verre.

Placez les couvercles hermétiquement sur le dessus et secouez jusqu'à ce qu'ils soient complètement fondus.

2. Retirez les couvercles et ajoutez la moitié des pommes coupées en dés dans chaque pot.

Saupoudrer de cannelle supplémentaire, si vous le souhaitez. Remettez les couvercles sur les bocaux et réfrigérez pendant au moins 4 heures ou toute la nuit.

3. Vous pouvez conserver l'avoine toute la nuit dans des contenants individuels au réfrigérateur jusqu'à 3 jours.

Information nutritionnelle:Calories : 339, Lipides : 8 g, Glucides : 60 g, Protéines : 13 g, Sucres : 15 g, Sodium : 161 mg.

Oeuf et légumes (bombe anti-inflammatoire)

Portions : 4

Temps de cuisson : 35 minutes

Ingrédients:

Pommes de terre nouvelles, coupées en quartiers - 10 onces

Courgettes hachées - 1

Ail haché - 2 gousses

Poivron rouge haché - 1

Poivron jaune haché - 1

Oignon vert, haché - 2

Huile d'olive extra vierge - 2 cuillères à soupe

Sel de mer - 0,75 cuillère à café

Flocons de piment rouge - 0,5 cuillère à café

Oeufs, gros - 4

Poivre noir moulu - 0,25 cuillère à café

Directions:

1. Laissez bouillir les pommes de terre en quartiers dans une grande casserole d'eau salée jusqu'à ce qu'elles soient tendres, environ six à huit minutes. Égouttez-les en jetant l'eau.

2. Ajoutez les pommes de terre nouvelles coupées en quartiers dans une grande poêle avec les poivrons, les courgettes, l'ail et l'huile d'olive. Saupoudrez le dessus d'assaisonnement aux œufs, puis laissez le hachis sauter jusqu'à ce que les légumes soient dorés, environ huit à dix minutes.

Assurez-vous de bien remuer le hachis toutes les deux minutes pour une cuisson uniforme.

3. Une fois les légumes cuits, utilisez une cuillère pour créer quatre cratères ou puits dans lesquels placer les œufs. Cassez les œufs dans les cratères, à raison d'un œuf par cratère. Placez un couvercle sur la poêle et laissez cuire les œufs jusqu'à ce qu'ils soient cuits à votre goût, environ 4 à 5 minutes.

4. Retirez la poêle à œufs végétariens du feu, saupoudrez d'oignons verts et dégustez le hachis et les œufs pendant qu'ils sont chauds.

Printed by
Libri Plureos GmbH · Friedensallee 273
22763 Hamburg · Germany